새로운 도서, 다양한 자료 동양북스 홈페이지에서 만나보세요!

www.dongyangbooks.com
m.dongyangbooks.com

※ 학습자료 및 MP3 제공 여부는 도서마다 상이하므로 확인 후 이용 바랍니다.

홈페이지 도서 자료실에서 학습자료 및 MP3 무료 다운로드

PC

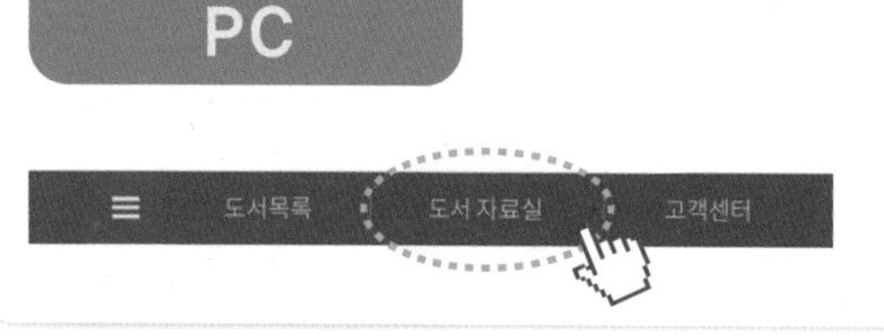

❶ 홈페이지 접속 후 도서 자료실 클릭
❷ 하단 검색 창에 검색어 입력
❸ MP3, 정답과 해설, 부가자료 등 첨부파일 다운로드
* 원하는 자료가 없는 경우 '요청하기' 클릭!

MOBILE

* 반드시 '인터넷, Safari, Chrome' App을 이용하여 홈페이지에 접속해주세요. (네이버, 다음 App 이용 시 첨부파일의 확장자명이 변경되어 저장되는 오류가 발생할 수 있습니다.)

❶ 홈페이지 접속 후 ☰ 터치

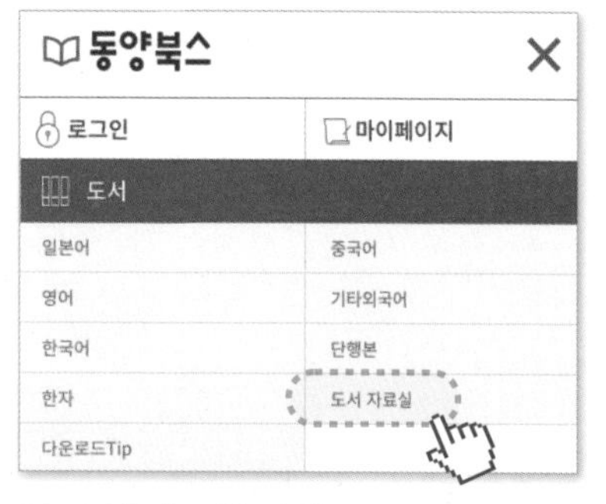

❷ 도서 자료실 터치

❸ 하단 검색창에 검색어 입력
❹ MP3, 정답과 해설, 부가자료 등 첨부파일 다운로드
* 압축 해제 방법은 '다운로드 Tip' 참고

| 일본어뱅크 |

JLPT N2
문형을 중심으로 한

좋아요 일본어 작문 STEP 2

조남성, 조선영, 키노시타 쿠미코, 최진희, 서혜린, 이이호시 카즈야 지음

동양북스

초판 인쇄 | 2023년 7월 17일
초판 발행 | 2023년 8월 4일

지은이 | 조남성, 조선영, 키노시타 쿠미코, 최진희, 서혜린, 이이호시 카즈야
발행인 | 김태웅
편집주간 | 박지호
책임편집 | 이선민
디자인 | 남은혜, 김지혜
마케팅 | 나재승
제 작 | 현대순

발행처 | (주)동양북스
등 록 | 제 2014-000055호(2014년 2월 7일)
주 소 | 서울시 마포구 동교로22길 14 (04030)
구입문의 | 전화 (02)337-1737 팩스 (02)334-6624
내용문의 | 전화 (02)337-1762 dybooks2@gmail.com

ISBN 979-11-5768-937-8 14730
979-11-5768-849-4 (세트)

머리말

이 책에서는 『좋아요 일본어 작문 STEP1』에 이어서 일본어능력시험(Japanese-Language Proficiency Test) N2 수준의 문장을 작성할 수 있도록 다양한 언어 사항 및 작문 지식을 배운다.

작문은 자신의 생각이나 의견 등의 정보를 전달하기 위해서 체계적으로 문장을 작성하는 행위로, 학문의 세계뿐만 아니라 일상생활에서도 요구되고 널리 사용되는 능력이다. 특히 서면으로 다양한 장면과 상황에서 의사소통을 하기 위해서는 필수 불가결한 기능이다.

이 책에서는 이러한 작문 능력을 향상시키기 위해서, 학습자의 의사소통에서 예상되는 일상의 다양한 주제를 선정하여 기술하고 있다. 그 12가지 주제(단원)는 ' 어린 시절과 현재의 나, 내가 좋아하는 말, 학창 시절에 가장 힘을 쏟았던 일, 실패나 좌절을 통해 배운 것, 나의 장점 · 강점, 나의 롤 모델, 궁금한 뉴스, 매력을 느끼는 브랜드나 기업, 10년 후의 나, 나의 버킷 리스트, 의뢰 메일, 감사 편지'이다.

단원은 '워밍업, 어휘 연습, 표현 · 문형 연습, 작문에 필요한 지식, 본문, 주제와 관련된 질문, 주제와 관련된 작문 연습'으로 구성되어 있는데, 그 내용과 특징은 다음과 같다.

(1) 워밍업 : 작문에 예상되는 필요한 문장(1문)을 자유롭게 만들어 발표한다.
(2) 어휘 연습 : 본문의 주요 어휘를 연습 문제를 통해서 배운다. 해당 어휘 및 관련 유의어를 예문과 함께 설명하고 있다.
(3) 표현 · 문형 연습 : 본문의 주요 표현 · 문형을 연습 문제를 통해서 배운다. 해당 표현 · 문형 및 관련 유의 표현을 예문과 함께 설명하고 있다.
(4) 작문에 필요한 지식 : 본문의 작문에 필요한 지식을 예문과 함께 설명하고 있다.
(5) 본문 : 학습자에게 친숙한 일상의 주제로 300자 작문을 제시하고 있다. 본문의 요약 쓰기 연습을 통하여 문장을 이해한다. 그리고 본문을 듣고 써 본다.
(6) 주제와 관련된 질문 : 주제와 관련된 질문을 통하여 자유롭게 작문하기 위한 쓸거리를 찾는다.
(7) 주제와 관련된 작문 연습 : (6)의 질문에 대한 대답을 모아 300자 정도의 문장을 자유롭게 작성한다.

한편 이 책은 모든 한자에 가나로 읽기를 제시하고 있으며, 다양한 예문은 평소 학습자가 표현하고 싶은 내용이라고 예상되는 것이다. 그리고 작문 즉 쓰기에 머무르지 않고 읽기, 듣기, 말하기도 배려하고 있다. 무엇보다도 학습자 일상의 주제를 통하여 쉽게 작문에 접근할 수 있도록 구성한 것이 가장 커다란 특징일 것이다.

끝으로 이 책의 작문 학습을 통해서 학습자 여러분의 일본어 의사소통에 조금이나마 도움이 되었으면 한다.

저자 일동

이 책의 구성과 특징

워밍업

주제에 맞게 제시된 문장의 빈칸에 자기 자신에 대한 내용을 넣어 자유롭게 작문할 수 있도록 하였습니다. 아래의 예시문을 참고하여 연습한 후에 자신이 작문한 문장을 발표해 봅시다.

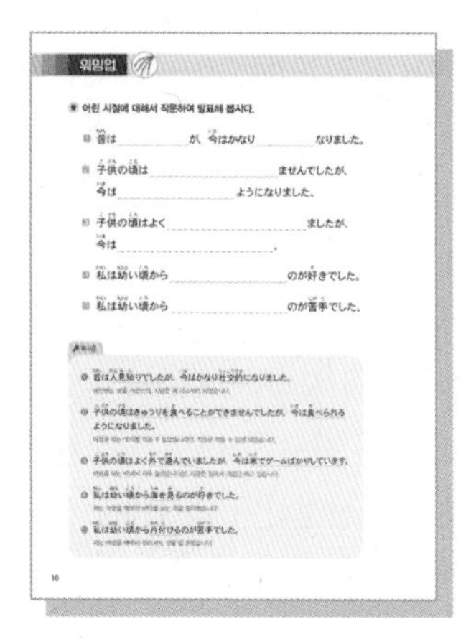

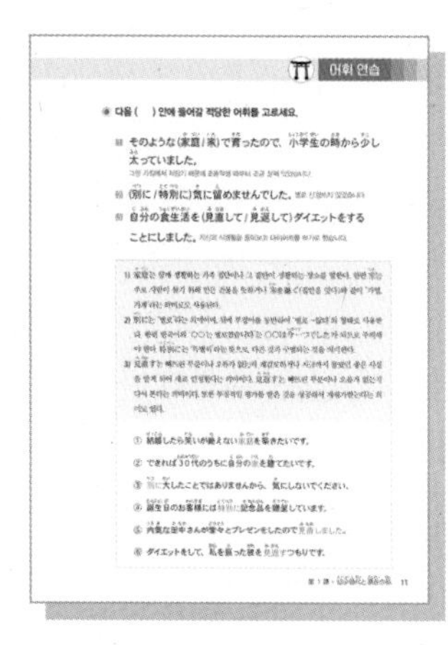

어휘 연습

본문의 주요 어휘를 본문의 문장을 활용한 연습 문제를 통해 익힐 수 있습니다. 해당 어휘 및 관련 유의어는 아래 설명으로 확실하게 이해할 수 있으며, 예문을 통해 그 쓰임을 다시 한번 확인할 수 있도록 하였습니다.

표현 · 문형 연습

본문의 주요 표현 · 문형을 연습 문제를 통해서 익힐 수 있습니다. 해당 표현 · 문형 및 관련 유의 표현에 대해 구체적인 설명을 통해 이해하고, 다양한 예문으로 그 쓰임을 다시 한번 확인할 수 있도록 하였습니다.

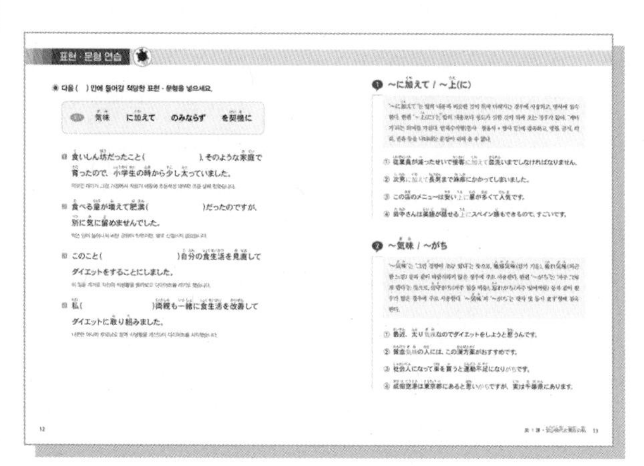

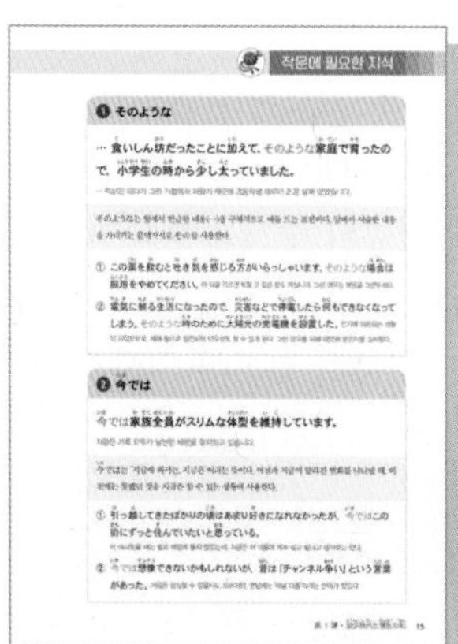

작문에 필요한 지식

본문 작문에 필요한 지식을 본문의 예문으로 확인하고, 설명을 통해 이해할 수 있도록 하였습니다. 여러 예문을 실어 설명을 더욱 확실하게 이해할 수 있습니다.

본문 & 받아쓰기

학습자에게 예상되는 일상의 주제로 300자 작문을 실었습니다. 본문을 잘 읽고 요약하면서, 그 내용을 다시 한번 확인할 수 있습니다. 본문의 음원을 들으며 받아쓰기를 할 수 있도록 구성하였습니다.

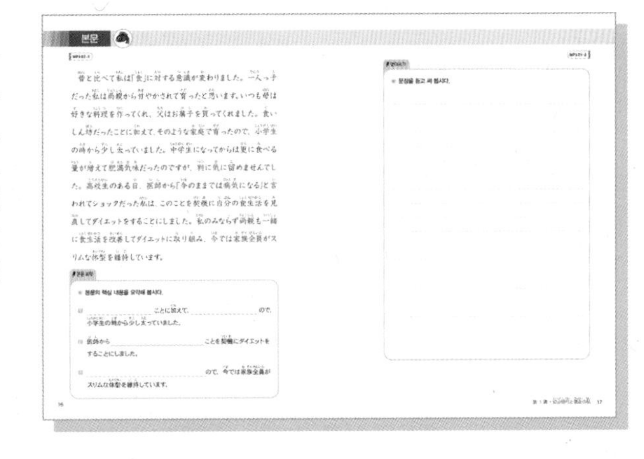
본문

昔と比べて私は「食」に対する意識が変わりました。一人っ子だった私は両親から甘やかされて育ったと思います。いつも母は好きな料理を作ってくれ、父はお菓子を買ってくれました。食いしん坊だったことに加えて、そのような家庭で育ったので、小学生の時から少し太っていました。中学生になってからは更に食べる量が増えて肥満気味だったのですが、特に気に留めませんでした。高校生のある日、医師から「今のままでは病気になる」と言われてショックだった私は、このことを契機に自分の食生活を見直してダイエットをすることにしました。私のみならず両親も一緒に食生活を改善してダイエットに取り組み、今では家族全員がスリムな体型を維持しています。

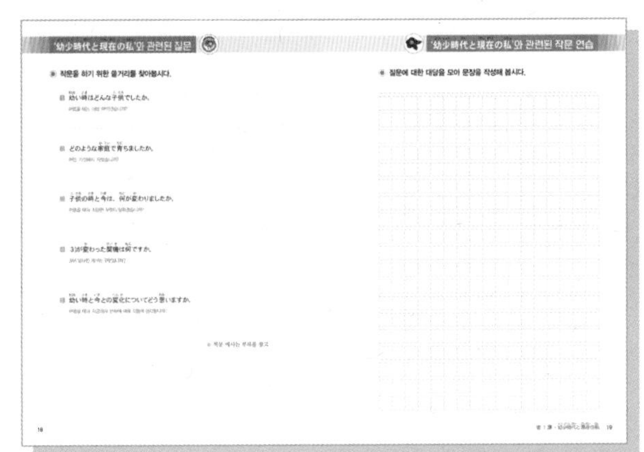
'幼少時代と現在の私'와 관련된 질문

※ 작문을 하기 위한 쓸거리를 찾아봅시다.

幼い時はどんな子供でしたか。

どのような家庭で育ちましたか。

子供の時と今は、何が変わりましたか。

幼い時と今との変化についてどう思いますか。

'幼少時代と現在の私'와 관련된 작문 연습

※ 질문에 대한 대답을 모아 문장을 작성해 봅시다.

주제와 관련된 질문 & 작문

주제와 관련된 질문을 통하여 자율 작문을 하기 위한 쓸거리를 찾을 수 있도록 하였습니다. 질문에 답한 후에, 그 답변을 모아 300자 정도의 문장을 자유롭게 작성할 수 있도록 구성하였습니다.

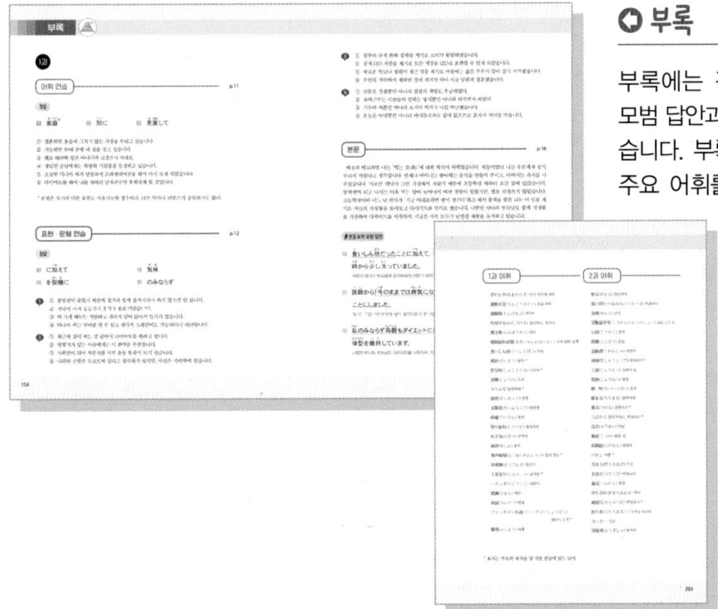
부록

1과

어휘 연습

표현·문형 연습

본문

1과 어휘

2과 어휘

부록

부록에는 각 과별 정답과 해석, 모범 답안과 예시문이 수록되어 있습니다. 부록 마지막에는 각 과별 주요 어휘를 실어 어휘 학습에도 도움이 되도록 구성하였습니다.

목차

第1課
(だい いっ か)

幼少時代と現在の私
(ようしょうじだい と げんざい の わたし)

(어린 시절과 현재의 나)

· 학습목표 ·

어린 시절에 대해서 이야기할 수 있다.

워밍업 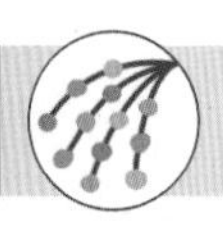

◉ 어린 시절에 대해서 작문하여 발표해 봅시다.

1 昔(むかし)は＿＿＿＿＿＿＿が、今(いま)はかなり＿＿＿＿＿＿なりました。

2 子供(こども)の頃(ころ)は＿＿＿＿＿＿＿＿＿＿＿＿ませんでしたが、
今(いま)は＿＿＿＿＿＿＿＿＿＿＿＿ようになりました。

3 子供(こども)の頃(ころ)はよく＿＿＿＿＿＿＿＿＿＿＿＿ましたが、
今(いま)は＿＿＿＿＿＿＿＿＿＿＿＿＿＿＿。

4 私(わたし)は幼(おさな)い頃(ころ)から＿＿＿＿＿＿＿＿＿＿＿＿のが好(す)きでした。

5 私(わたし)は幼(おさな)い頃(ころ)から＿＿＿＿＿＿＿＿＿＿＿＿のが苦手(にがて)でした。

예시문

1 昔(むかし)は人見知(ひとみし)りでしたが、今(いま)はかなり社交的(しゃこうてき)になりました。
예전에는 낯을 가렸는데, 지금은 꽤 사교적이 되었습니다.

2 子供(こども)の頃(ころ)はきゅうりを食(た)べることができませんでしたが、今(いま)は食(た)べられるようになりました。
어렸을 때는 오이를 먹을 수 없었습니다만, 지금은 먹을 수 있게 되었습니다.

3 子供(こども)の頃(ころ)はよく外(そと)で遊(あそ)んでいましたが、今(いま)は家(いえ)でゲームばかりしています。
어렸을 때는 밖에서 자주 놀았습니다만, 지금은 집에서 게임만 하고 있습니다.

4 私(わたし)は幼(おさな)い頃(ころ)から海(うみ)を見(み)るのが好(す)きでした。
저는 어렸을 때부터 바다를 보는 것을 좋아했습니다.

5 私(わたし)は幼(おさな)い頃(ころ)から片付(かたづ)けるのが苦手(にがて)でした。
저는 어렸을 때부터 정리하는 것을 잘 못했습니다.

◉ 다음 (　　) 안에 들어갈 적당한 어휘를 고르세요.

1 そのような(家庭/家)で育ったので、小学生の時から少し太っていました。
그런 가정에서 자랐기 때문에 초등학생 때부터 조금 살쪄 있었습니다.

2 (別に/特別に)気に留めませんでした。별로 신경쓰지 않았습니다.

3 自分の食生活を(見直して/見返して)ダイエットをすることにしました。자신의 식생활을 돌아보고 다이어트를 하기로 했습니다.

1) 家庭는 함께 생활하는 가족 집단이나 그 집단이 생활하는 장소를 말한다. 한편 家는 주로 사람이 살기 위해 만든 건물을 뜻하거나 家を継ぐ(집안을 잇다)와 같이 '가업, 가계'라는 의미로도 사용된다.
2) 別に는 '별로'라는 의미이며, 뒤에 부정어를 동반하여 '별로 ~않다'의 형태로 사용한다. 한편 한국어의 '○○는 별로였습니다'는 ○○は今一つでした가 되므로 주의해야 한다. 特別に는 '특별히'라는 뜻으로, 다른 것과 구별되는 것을 의미한다.
3) 見直す는 빠뜨린 부분이나 오류가 없는지 재검토하거나 지금까지 몰랐던 좋은 사실을 알게 되어 새로 인정한다는 의미이다. 見返す는 빠뜨린 부분이나 오류가 없는지 다시 본다는 의미이다. 또한 부정적인 평가를 받은 것을 성공해서 재평가받는다는 의미도 있다.

① 結婚したら笑いが絶えない家庭を築きたいです。

② できれば30代のうちに自分の家を建てたいです。

③ 別に大したことではありませんから、気にしないでください。

④ 誕生日のお客様には特別に記念品を贈呈しています。

⑤ 内気な田中さんが堂々とプレゼンをしたので見直しました。

⑥ ダイエットをして、私を振った彼を見返すつもりです。

표현 · 문형 연습

◉ 다음 (　) 안에 들어갈 적당한 표현 · 문형을 넣으세요.

보기　気味(ぎみ)　に加(くわ)えて　のみならず　を契機(けいき)に

1 食(く)いしん坊(ぼう)だったこと(　　　　　　　)、そのような家庭(かてい)で育(そだ)ったので、小学生(しょうがくせい)の時(とき)から少(すこ)し太(ふと)っていました。

먹보인 데다가 그런 가정에서 자랐기 때문에 초등학생 때부터 조금 살쪄 있었습니다.

2 食(た)べる量(りょう)が増(ふ)えて肥満(ひまん)(　　　　　　　)だったのですが、別(べつ)に気(き)に留(と)めませんでした。

먹는 양이 늘어나서 비만 경향이 있었지만, 별로 신경쓰지 않았습니다.

3 このこと(　　　　　　　)自分(じぶん)の食生活(しょくせいかつ)を見直(みなお)してダイエットをすることにしました。

이 일을 계기로 자신의 식생활을 돌아보고 다이어트를 하기로 했습니다.

4 私(わたし)(　　　　　　　)両親(りょうしん)も一緒(いっしょ)に食生活(しょくせいかつ)を改善(かいぜん)してダイエットに取(と)り組(く)みました。

나뿐만 아니라 부모님도 함께 식생활을 개선하여 다이어트를 시작했습니다.

❶ ～に加えて / ～上(に)

'～に加えて'는 앞의 내용과 비슷한 것이 뒤에 더해지는 경우에 사용하고, 명사에 접속한다. 한편 '～上(に)'는 앞의 내용보다 정도가 심한 것이 뒤에 오는 경우가 많아, '게다가'라는 의미를 가진다. 연체수식형[동사 · 형용사 + 명사 등]에 접속하고, 명령, 금지, 의뢰, 권유 등을 나타내는 문장이 뒤에 올 수 없다.

① 従業員が減ったせいで接客に加えて皿洗いまでしなければなりません。

② 次男に加えて長男まで麻疹にかかってしまいました。

③ この店のメニューは安い上に量が多くて人気です。

④ 田中さんは英語が話せる上にスペイン語もできるので、すごいです。

❷ ～気味 / ～がち

'～気味'는 '그런 경향이 조금 있다'는 뜻으로, 風邪気味(감기 기운), 疲れ気味(피곤한 느낌) 등과 같이 바람직하지 않은 경우에 주로 사용한다. 한편 '～がち'는 '자주 그렇게 한다'는 뜻으로, 留守がち(자주 집을 비움), 忘れがち(자주 잊어버림) 등과 같이 횟수가 많은 경우에 주로 사용한다. '～気味'와 '～がち'는 명사 및 동사 ます형에 접속한다.

① 最近、太り気味なのでダイエットをしようと思うんです。

② 貧血気味の人には、この漢方薬がおすすめです。

③ 社会人になって車を買うと運動不足になりがちです。

④ 成田空港は東京都にあると思いがちですが、実は千葉県にあります。

3 ～を契機に(して) / ～をきっかけに(して)

'～を契機に(して)'는 '~을 계기로(해서)'라는 뜻으로, 주로 좋은 기회가 되는 사건이나 동작을 나타내는 명사에 접속한다. 유사한 표현인 '～をきっかけに(して)'는 계기가 되는 직접적인 원인이나 동기를 나타낼 때 사용하며, '～がきっかけで'도 동일하다.

① 政府の規制緩和政策を契機にして消費が活発になりました。

② 青色LEDの開発を契機に全ての色がLEDで表現できるようになりました。

③ 新しい学校や病院ができたことをきっかけにして街には若い夫婦が多く住み始めました。

④ 偶然、街で再会したことがきっかけで今の夫と結婚しました。

4 ～のみならず / ～だけでなく

'～のみならず'는 '~뿐만 아니라'라는 뜻의 문어체 표현으로, 뒤에는 주로 좀 더 큰 범위의 표현이 온다. '～だけでなく'도 비슷한 뜻의 구어체 표현이다. 두 표현 모두 も, まで, さえ 등이 뒤에 사용된다.

① 新聞は警察のみならず検察の責任も追求した。

② リモートワークは人々の働き方のみならず意識まで変えた。

③ 木村さんだけでなく吉田さんまで私を非難しました。

④ 今日は妻だけでなく子供たちさえも家にいないので、一人で夕食を食べます。

❶ そのような

… 食いしん坊だったことに加えて、そのような家庭で育ったので、小学生の時から少し太っていました。

… 먹보인 데다가 그런 가정에서 자랐기 때문에 초등학생 때부터 조금 살쪄 있었습니다.

そのような는 앞에서 언급한 내용(…)을 구체적으로 예를 드는 표현이다. 앞에서 서술한 내용을 가리키는 문맥지시로 その를 사용한다.

① この薬を飲むと吐き気を感じる方がいらっしゃいます。そのような場合は服用をやめてください。이 약을 먹으면 토할 것 같은 분도 계십니다. 그런 경우는 복용을 그만두세요.

② 電気に頼る生活になったので、災害などで停電したら何もできなくなってしまう。そのような時のために太陽光の発電機を設置した。전기에 의존하는 생활이 되었으므로, 재해 등으로 정전되면 아무것도 할 수 없게 된다. 그런 경우를 위해 태양광 발전기를 설치했다.

❷ 今では

今では家族全員がスリムな体型を維持しています。

지금은 가족 모두가 날씬한 체형을 유지하고 있습니다.

今では는 '지금에 와서는, 지금은'이라는 뜻이다. 이전과 지금이 달라진 변화를 나타낼 때, 이전에는 못했던 것을 지금은 할 수 있는 상황에 사용한다.

① 引っ越してきたばかりの頃はあまり好きになれなかったが、今ではこの街にずっと住んでいたいと思っている。

막 이사왔을 때는 별로 마음에 들지 않았는데, 지금은 이 마을에 계속 살고 싶다고 생각하고 있다.

② 今では想像できないかもしれないが、昔は「チャンネル争い」という言葉があった。지금은 상상할 수 없을지도 모르지만, 옛날에는 '채널 다툼'이라는 단어가 있었다.

본문 

MP3 01-1

昔(むかし)と比(くら)べて私(わたし)は「食(しょく)」に対(たい)する意識(いしき)が変(か)わりました。一人(ひとり)っ子(こ)だった私(わたし)は両親(りょうしん)から甘(あま)やかされて育(そだ)ったと思(おも)います。いつも母(はは)は好(す)きな料理(りょうり)を作(つく)ってくれ、父(ちち)はお菓子(かし)を買(か)ってくれました。食(く)いしん坊(ぼう)だったことに加(くわ)えて、そのような家庭(かてい)で育(そだ)ったので、小学生(しょうがくせい)の時(とき)から少(すこ)し太(ふと)っていました。中学生(ちゅうがくせい)になってからは更(さら)に食(た)べる量(りょう)が増(ふ)えて肥満気味(ひまんぎみ)だったのですが、別(べつ)に気(き)に留(と)めませんでした。高校生(こうこうせい)のある日(ひ)、医師(いし)から「今(いま)のままでは病気(びょうき)になる」と言(い)われてショックだった私(わたし)は、このことを契機(けいき)に自分(じぶん)の食生活(しょくせいかつ)を見直(みなお)してダイエットをすることにしました。私(わたし)のみならず両親(りょうしん)も一緒(いっしょ)に食生活(しょくせいかつ)を改善(かいぜん)してダイエットに取(と)り組(く)み、今(いま)では家族全員(かぞくぜんいん)がスリムな体型(たいけい)を維持(いじ)しています。

본문 요약

◉ 본문의 핵심 내용을 요약해 봅시다.

1. ＿＿＿＿＿＿＿＿ことに加(くわ)えて、＿＿＿＿＿＿＿＿ので、小学生(しょうがくせい)の時(とき)から少(すこ)し太(ふと)っていました。

2. 医師(いし)から＿＿＿＿＿＿＿＿ことを契機(けいき)にダイエットをすることにしました。

3. ＿＿＿＿＿＿＿＿ので、今(いま)では家族全員(かぞくぜんいん)がスリムな体型(たいけい)を維持(いじ)しています。

MP3 01-2

받아쓰기

◉ 문장을 듣고 써 봅시다.

'幼少時代と現在の私'와 관련된 질문

◉ 작문을 하기 위한 쓸거리를 찾아봅시다.

1 幼い時はどんな子供でしたか。

어렸을 때는 어떤 아이였습니까?

2 どのような家庭で育ちましたか。

어떤 가정에서 자랐습니까?

3 子供の時と今は、何が変わりましたか。

어렸을 때와 지금은 무엇이 달라졌습니까?

4 3)が変わった契機は何ですか。

3)이 달라진 계기는 무엇입니까?

5 幼い時と今との変化についてどう思いますか。

어렸을 때와 지금과의 변화에 대해 어떻게 생각합니까?

※ 작문 예시는 부록을 참고

‘幼少時代と現在の私’와 관련된 작문 연습

◉ 질문에 대한 대답을 모아 문장을 작성해 봅시다.

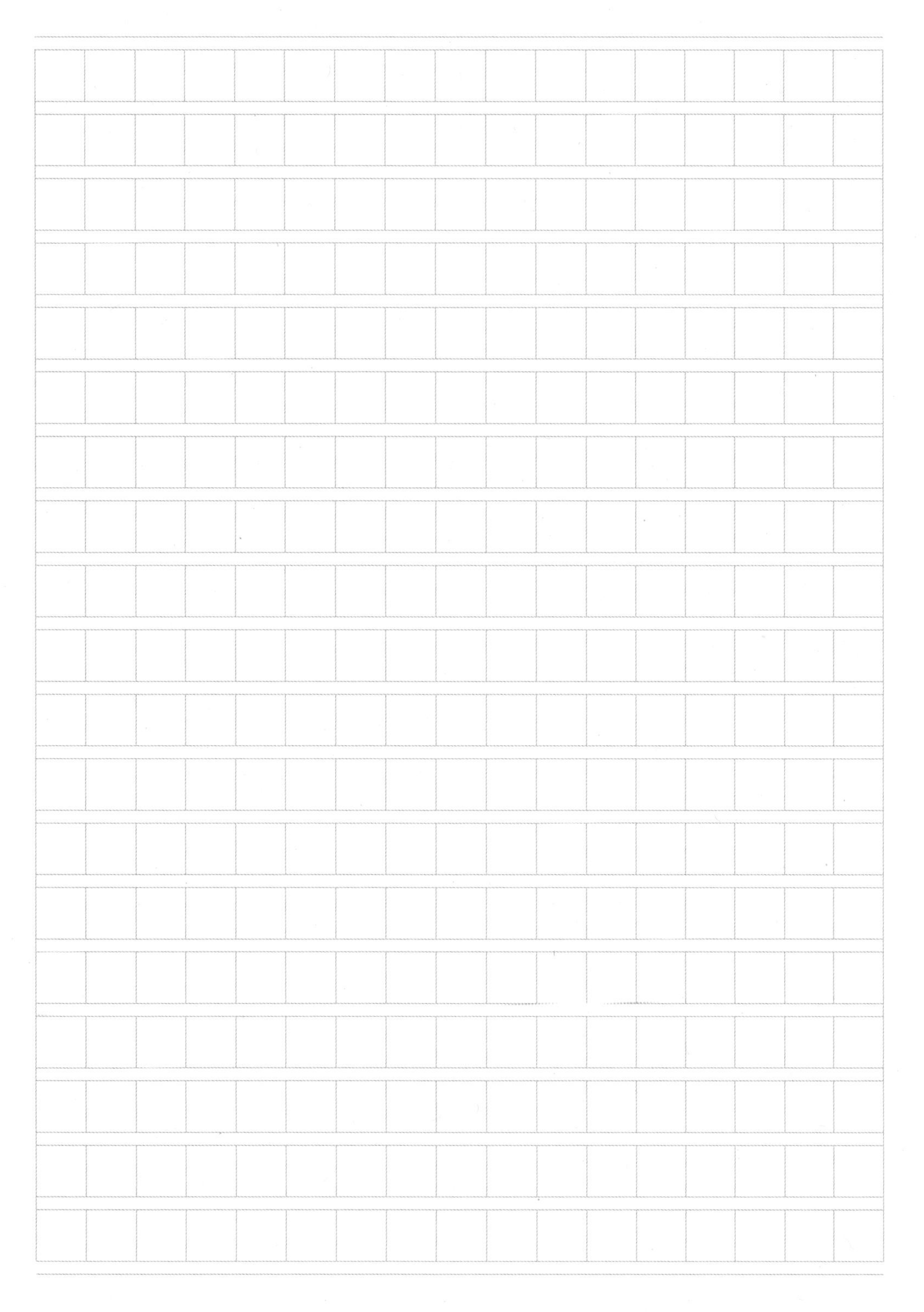

第2課

私が好きな言葉

(내가 좋아하는 말)

학습목표

내가 좋아하는 말에 대해서 이야기할 수 있다.

워밍업 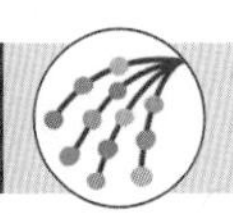

◉ 내가 좋아하는 말에 대해서 작문하여 발표해 봅시다.

1 私(わたし)はできるだけ ______________ ようにしています。

2 ______________ と思(おも)っているからです。

3 どちらにしようか迷(まよ)った時(とき)は ______________ 方(ほう)を選(えら)びます。

4 周(まわ)りの人(ひと)から「______________」と言(い)ってもらえたら嬉(うれ)しいです。

5 私(わたし)が大切(たいせつ)にしたい3つ(みっ)の単語(たんご)は「________」「________」「________」です。

예시문

❶ 私(わたし)はできるだけ待(ま)ち合(あ)わせの時間(じかん)には遅(おく)れないようにしています。

저는 가능한 한 약속 시간에는 늦지 않으려고 하고 있습니다.

❷ 時間(じかん)はとても大切(たいせつ)だと思(おも)っているからです。

시간은 매우 중요하다고 생각하고 있기 때문입니다.

❸ どちらにしようか迷(まよ)った時(とき)は気分(きぶん)が楽(らく)になる方(ほう)を選(えら)びます。

어느 쪽으로 할지 고민이 될 때는 마음이 편해지는 쪽을 선택합니다.

❹ 周(まわ)りの人(ひと)から「一緒(いっしょ)にいると安心(あんしん)する」と言(い)ってもらえたら嬉(うれ)しいです。

주변 사람들로부터 '같이 있으면 안심이 된다'는 이야기를 들으면 기쁩니다.

❺ 私(わたし)が大切(たいせつ)にしたい3つ(みっ)の単語(たんご)は「情熱(じょうねつ)」「ユーモア」「信頼(しんらい)」です。

제가 소중히 여기고 싶은 세 개의 단어는 '열정', '유머', '신뢰'입니다.

어휘 연습

◉ 다음 (　　) 안에 들어갈 적당한 어휘를 고르세요.

1 目標を(決めた / 決定した)以上は何が何でも合格しようと頑張りました。

목표를 정한 이상에는 무슨 일이 있어도 합격하려고 열심히 했습니다.

2 でも、(一向に / 全然) うまくなりませんでした。

하지만 전혀 실력이 늘지 않았습니다.

3 希望をもって(今日 / 本日)を精一杯生きる。

희망을 가지고 오늘을 힘껏 살아간다.

1) 決めるは '정하다'라는 의미이며, 夕食を決める(저녁 메뉴를 정하다)와 같이 개인적인 경우를 포함하여 일반적으로 널리 사용된다. 決定するは 政策を決定する(정책을 결정하다)와 같이 다른 사람이나 조직의 결정에 의해 판단이 내려지는 경우에 사용한다.

2) 一向には '전혀'라는 의미이며, 뒤에 부정어를 동반한다. 문어체로 주로 공식적인 자리에서 사용하는 표현이다. 全然도 '전혀'라는 뜻으로 뒤에 부정어를 동반하지만, 全然いい(아주 좋다)와 같이 긍정적인 의미로도 사용한다.

3) 今日는 일상생활에서 흔히 사용하는 '오늘'이라는 뜻이다. 本日도 '오늘'을 의미하는데 인사나 스피치 등 주로 격식을 차린 상황에서 사용한다.

① 効率的に作業を進めるためには終了時間を決めることが大切だ。

② 中央銀行は物価の安定のために金利の引き上げを決定した。

③ 全力で走ったが、前の選手との距離は一向に縮まらなかった。

④ 筆記試験はまあまあだったが、実技は全然だめだった。

⑤ 今日はお客さんがたくさん来たので忙しかったです。

⑥ 本日はお越しいただき誠にありがとうございます。

표현 · 문형 연습

◉ 다음 (　　) 안에 들어갈 적당한 표현 · 문형을 넣으세요.

보기	以上は	次第で	に他ならない	をもとに

1 目標を決めた(　　　　　　　　　　)何が何でも合格しようと頑張りました。

목표를 정한 이상에는 무슨 일이 있어도 합격하려고 열심히 했습니다.

2 上達しないのは努力不足(　　　　　　　　　　)と考え、誰よりもたくさんデッサンしました。

실력이 늘지 않는 것은 다름 아닌 노력 부족 때문이라고 생각해서 누구보다도 많이 데생을 했습니다.

3 成長するためには、経験(　　　　　　　　　　)自分に足りない部分を認識する必要があります。

성장하기 위해서는 경험을 바탕으로 자신에게 부족한 부분을 인식할 필요가 있습니다.

4 同じ努力でも、気持ち(　　　　　　　　　　)悲壮なものにも楽しいものにもなり得るのです。

같은 노력이라도 마음가짐에 따라서 비장한 것이 될 수도 있고, 즐거운 것이 될 수도 있는 것입니다.

1 ～以上(いじょう)(は) / ～からには

'～以上(いじょう)は'는 '~한 이상은(당연히)'라는 뜻으로, 뒤에는 주로 말하는 사람의 판단 및 의지, 상대방에 대한 권유 및 충고 등이 이어진다. 예를 들어 '～べきだ(~해야 된다)', '～つもりだ(~할 생각이다)', '～た方(ほう)がいい(~하는 편이 좋다)' 등이다. '～からには'는 구어체 표현으로, 의미와 용법은 유사하다.

① アメリカで働(はたら)く以上(いじょう)、TOEIC(トーイック)800点(はっぴゃくてん)ぐらいの英語能力(えいごのうりょく)は必要(ひつよう)です。

② 公約(こうやく)で減税(げんぜい)を示(しめ)した以上(いじょう)、現政権(げんせいけん)はそれを果(は)たすべきです。

③ 広島(ひろしま)へ行(い)くからには、ぜひお好(この)み焼(や)きを食(た)べてみてください。

④ みんなの前(まえ)で禁煙(きんえん)すると宣言(せんげん)したからには、たばこは持(も)ち歩(ある)きません。

2 ～に他(ほか)ならない / ～に違(ちが)いない

'～に他(ほか)ならない'는 '바로 ~이다'라는 뜻으로, 단정하여 말할 때 쓰는 문어체 표현이며 명사에 접속한다. 한편 '～に違(ちが)いない'는 '~임에 틀림없다'라는 뜻으로, 말하는 사람의 확신이 있는 추측표현이며 동사 보통형, 명사, 형용사에 모두 접속한다.

(*여기서 '동사 보통형'이란 行(い)く/行(い)かない/行(い)った/行(い)かなかった의 형태를 가리킨다.)

① 人(ひと)を出身地(しゅっしんち)で判断(はんだん)するのは偏見(へんけん)に他(ほか)ならない。

② 妻(つま)との出会(であ)いは運命(うんめい)に他(ほか)ならないと思(おも)っています。

③ この映画監督(えいがかんとく)の作品(さくひん)はいつもすばらしいから、新作(しんさく)もきっと期待(きたい)できるに違(ちが)いありません。

④ 金先生(キムせんせい)は厳(きび)しいから、きっと課題(かだい)が多(おお)いに違(ちが)いない。

표현 · 문형 연습

③ ～をもとに / ～に基づいて

'～をもとに'는 '~를 토대로, ~를 기초로'라는 뜻으로, 앞 사항을 소재로 해서 소설을 쓴다거나 영화를 만드는 등의 경우에 사용한다. 노래 가사나 디자인의 소재에 대해 이야기할 때도 사용할 수 있다. 유사한 표현인 '～に基づいて'는 좀 더 확실한 기준, 근거 등을 언급할 때 사용할 수 있다.

① この映画は事実をもとに作られました。

② 面接試験の結果をもとにして志願者の中から交換留学生を選抜します。

③ 警察は証言に基づいて容疑者の似顔絵を作成した。

④ 法律に基づいて集会の開催が制限されました。

④ ～次第で / ～によって

'～次第で'는 '~에 따라서'라는 뜻으로, 気分次第で(기분에 따라서), 天候次第で(날씨에 따라서), 結果次第で(결과에 따라서) 등과 같이 종류나 정도를 나타내는 명사에 접속하여 이에 따라 뒤에 오는 사항이 달라지는 것을 표현한다. 유사한 표현으로 '～によって'가 있는데 '～次第で'보다 좀 더 부드러운 표현이다.

① 医師は「検査の結果次第で治療の方法を変更するかもしれない」と患者に説明しました。

② わが社では社長の気分次第で物事が決まってしまいます。

③ 天候によって船が出航しない日もあるので、気をつけてください。

④ 高速道路の混雑状況によって到着が遅れる場合もあります。

でも

でも、できない自分を責めるのではなく、成長できる自分を信じることが大事です。

하지만 부족한 자신을 책망하지 말고, 성장 가능한 자신을 믿는 것이 중요합니다.

でも는 역접의 접속사로, 앞의 문장과 반대되는 이야기를 서술할 때 사용한다. 앞의 문장보다 뒤의 이야기가 화자가 전달하고 싶은 내용으로, 회화나 가벼운 이야기에 주로 사용한다. 유사한 표현으로 しかし, ところが, けれども 등이 있다.

① 天気予報では一日中雨が降ると言っていました。でも、晴れてよかったです。

일기예보에서는 하루 종일 비가 온다고 했습니다. 하지만 개어서 다행입니다.

② 徹夜しようと思ってコーヒーを飲んだ。でも、眠ってしまって全然勉強できなかった。

밤을 새려고 커피를 마셨다. 하지만 잠이 들어 버려서 공부를 전혀 못했다.

본문

MP3 02-1

　高校生(こうこうせい)の頃(ころ)、私(わたし)は美大(びだい)への進学(しんがく)を目指(めざ)していました。目標(もくひょう)を決(き)めた以上(いじょう)は何(なに)が何(なん)でも合格(ごうかく)しようと頑張(がんば)りました。上達(じょうたつ)しないのは努力不足(どりょくぶそく)に他(ほか)ならないと考(かんが)え、誰(だれ)よりもたくさんデッサンしました。でも、一向(いっこう)にうまくなりませんでした。焦(あせ)っていた私(わたし)に美術(びじゅつ)の先生(せんせい)が「昨日(きのう)から学(まな)び、今日(きょう)を生(い)き、明日(あした)へ期待(きたい)しよう」という言葉(ことば)を教(おし)えてくれました。成長(せいちょう)するためには、経験(けいけん)をもとに自分(じぶん)に足(た)りない部分(ぶぶん)を認識(にんしき)する必要(ひつよう)があります。でも、できない自分(じぶん)を責(せ)めるのではなく、成長(せいちょう)できる自分(じぶん)を信(しん)じることが大事(だいじ)です。同(おな)じ努力(どりょく)でも、気持(きも)ち次第(しだい)で悲壮(ひそう)なものにも楽(たの)しいものにもなり得(え)るのです。希望(きぼう)をもって今日(きょう)を精一杯(せいいっぱい)生(い)きる。それが私(わたし)のモットーです。

『昨日(きのう)から学(まな)び、今日(きょう)を生(い)き、明日(あした)へ期待(きたい)しよう。
大切(たいせつ)なのは疑問(ぎもん)を持(も)ち続(つづ)けることだ。』アインシュタイン

본문 요약

◉ 본문의 핵심 내용을 요약해 봅시다.

1 私(わたし)は高校生(こうこうせい)の頃(ころ)、＿＿＿＿＿＿＿＿ために頑張(がんば)っていました。

2 ＿＿＿＿＿＿＿＿のではなく、＿＿＿＿＿＿＿＿ことが重要(じゅうよう)です。

3 私(わたし)のモットーは＿＿＿＿＿＿＿＿＿＿＿＿ことです。

MP3 02-2

받아쓰기

◉ 문장을 듣고 써 봅시다.

'私が好きな言葉'와 관련된 질문

◉ 작문을 하기 위한 쓸거리를 찾아봅시다.

1 好きな言葉は何ですか。

좋아하는 말은 무엇입니까?

2 その言葉にはどんな意味がありますか。

그 말에는 어떤 의미가 있습니까?

3 その言葉が好きな理由は何ですか。

그 말을 좋아하는 이유는 무엇입니까?

4 その言葉をどんな時に思い浮かべますか。

그 말을 언제 떠올립니까?

5 その言葉からどんなことを考えたり学んだりしましたか。

그 말을 통해서 어떤 것을 생각하거나 배우거나 했습니까?

※ 작문 예시는 부록을 참고

'私(わたし)が好(す)きな言葉(ことば)'와 관련된 작문 연습

◉ 질문에 대한 대답을 모아 문장을 작성해 봅시다.

第3課 (だいさんか)

学生時代(がくせいじだい)に最(もっと)も力(ちから)を入(い)れたこと

(학창 시절에 가장 힘을 쏟았던 일)

학습목표

학창 시절 가장 힘을 쏟았던 일에 대해서 이야기할 수 있다.

워밍업 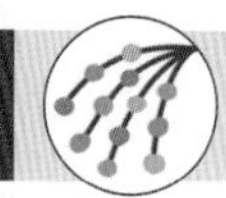

◉ 학창 시절 가장 힘을 쏟았던 일에 대해서 작문하여 발표해 봅시다.

1 私は＿＿＿＿＿＿＿＿＿＿＿＿に最も多くの時間を使っています。

2 私は＿＿＿＿＿＿＿＿＿＿＿＿ためなら、多少お金をかけても大丈夫です。

3 私は＿＿＿＿＿＿＿＿＿＿＿＿に関する情報をよく検索しています。

4 大学生活で一番頑張ったのは＿＿＿＿＿＿＿＿＿＿＿＿です。

5 ＿＿＿＿＿＿＿＿＿＿＿＿時が一番輝いていたと思います。

예시문

❶ 私はジムでの筋トレに最も多くの時間を使っています。
나는 헬스장에서 웨이트 트레이닝에 가장 많은 시간을 쓰고 있습니다.

❷ 私はダイエットのためなら、多少お金をかけても大丈夫です。
나는 다이어트를 위해서라면 다소 돈이 들어도 괜찮습니다.

❸ 私は健康食品に関する情報をよく検索しています。
나는 건강식품에 관한 정보를 자주 검색하고 있습니다.

❹ 大学生活で一番頑張ったのは資格取得のための勉強です。
대학 생활에서 가장 열심히 한 것은 자격 취득을 위한 공부입니다.

❺ 高校の文化祭で司会をした時が一番輝いていたと思います。
고등학교 축제에서 사회를 봤던 때가 가장 빛났었다고 생각합니다.

◉ 다음 (　　) 안에 들어갈 적당한 어휘를 고르세요.

1 一人暮らしの(お年寄り / 老人)の支援といった活動です。

혼자 사는 노인의 지원과 같은 활동입니다.

2 (最も / 第一)記憶に残っているボランティアは障害を持つ子供の勉強を支援する活動です。

가장 기억에 남는 자원봉사는 장애를 가진 아이의 공부를 지원하는 활동입니다.

3 この時は本当に得がたい(経験 / 体験)になりました。

이때는 정말로 얻기 힘든 경험이었습니다.

1) お年寄り는 한국어의 '어르신'에 해당한다. 老人은 お年寄り보다 딱딱한 표현으로 老人問題(노인문제)처럼 주로 고령자 계층을 일컫는 말이다.

2) 最も는 '(무엇보다도)가장'이라는 뜻으로, 비교해 보아 다른 어떤 것보다 정도가 낫다는 것을 의미한다. 第一는 '첫 번째'라는 의미로 순서가 가장 앞선다는 뜻이며, 安全第一(안전제일)와 같이 가장 중요하다는 의미로도 사용한다.

3) 経験은 실제로 보고 듣고 해 보는 것이나 이를 통해서 얻은 기술이나 배움을 의미한다. 体験도 실제로 보고 듣고 해 보는 행동을 의미하는데, 행동 자체를 중시하기 때문에 無料体験レッスン(무료체험 교실)과 같이 일회성인 경우가 많다.

① これは子供からお年寄りまで家族みんなで楽しめるゲームだ。

② 犯人は変装し、８０歳を過ぎた老人のように腰を曲げて歩いていた。

③ この大会で最も活躍した鈴木選手にMVP賞が授与された。

④ 経営者は社員の健康と幸せを第一に考えなければならない。

⑤ バイトで接客の経験をしたことが、就職してから役に立った。

⑥ 小学校の社会科の授業で田植えと稲刈りの体験をしたことがある。

표현 · 문형 연습

◉ 다음 (　　) 안에 들어갈 적당한 표현 · 문형을 넣으세요.

보기	がたい	からといって	にあたって

1 「就活する(　　　　　　　　　)ボランティアの実績が必要になるから」という理由ではありません。

'취업 활동을 할 때 자원봉사 실적이 필요하기 때문에'라는 이유가 아닙니다.

2 本当に得(　　　　　　　　　)経験になりました。

정말로 얻기 힘든 경험이었습니다.

3 障害の種類が同じだ(　　　　　　　　　)同じ支援をすればいいのではない。

장애의 종류가 같다고 해서 같은 지원을 하면 되는 것이 아니다.

❶ ～にあたって / ～に際して

'～にあたって'는 '~을 맞이하여, ~에 앞서'라는 뜻으로 주로 사용되며, 특별한 시기나 행동에 당면하여 이와 관련되는 것을 하는 내용이 뒤에 온다. 한편 '～に際して'는 '~할 때에, ~에 즈음하여'라는 뜻으로, 특별한 시기나 행동을 시작할 때나 그 진행과 관련된 것이 뒤에 온다. 두 표현 모두 공식적인 자리에서 사용하는 격식차린 표현이다.

① 創立50周年を迎えるにあたって、わが社では記念事業を行うことにしました。

② 結婚するにあたって、二人の将来のことをよく考えました。

③ 開演に際して、お客様に注意事項をご案内申し上げます。

④ 本サービスの利用に際して、必ず規約をお読みください。

❷ ～がたい / ～にくい

'～がたい'는 '~하기 어렵다'는 뜻으로, 많이 쓰는 표현으로는 信じがたい(믿기 어렵다), 耐えがたい(견디기 어렵다), 理解しがたい(이해하기 어렵다) 등이 있다. 한편 '～にくい'는 주로 객관적으로 보았을 때 '~하기 어렵다'는 뜻으로, 예를 들어 길이 울퉁불퉁해서 걷기 어려운 경우 歩きにくい(걷기 어렵다)라고 할 수 있다.

① 木村さんがそんなことを言うなんて信じがたいです。

② 政治的な問題を武力で解決しようという発想は理解しがたいです。

③ 前の人の頭が邪魔でスクリーンが見えにくいです。

④ 電波の状態が悪いのか、電話の声が聞き取りにくいです。

❸ ~からといって / ~からして

'～からといって'와 '～からして'는 전혀 다른 뜻이므로 주의하자. '～からといって'는 앞 내용에서 생각되지 않는 다른 내용이 뒤에 나와서, '~라고 해서 ~인 것은 아니다'와 같은 뜻이 된다. 뒤에는 주로 부분적으로 부정하는 표현이 오고, 비판하는 경우에 많이 사용한다. 한편 '～からして'는 '~부터가'의 뜻으로, 어떤 종류나 집단 등의 범위에서 가장 기본적인 것에 대해 언급하고, 다른 것은 말할 것도 없다고 표현할 때 사용한다.

① 運動(うんどう)は健康(けんこう)にいいからといって、とにかくやればいいということではありません。

② 寒(さむ)いからといって家(いえ)に引(ひ)きこもってばかりではいけません。

③ 題目(だいもく)からして難(むずか)しそうな論文(ろんぶん)で読(よ)みたくありません。

④ 服装(ふくそう)や所持品(しょじひん)からして彼女(かのじょ)がお金持(かねも)ちの家(いえ)の子(こ)だと一目(ひとめ)で分(わ)かりました。

작문에 필요한 지식

❶ だから

だから、大学で何かをしたいと考えている大学生にはボランティアを勧めたいです。

그래서 대학에서 무언가 하고 싶다고 생각하는 대학생에게는 자원봉사를 권하고 싶습니다.

だから는 '그래서'라는 뜻으로, 앞의 내용을 이유로 일어나는 결과나 발생하는 상황을 서술할 때 사용한다.

① あの候補者の公約は私の考えに近かった。だから、私は彼に投票した。
저 후보자의 공약은 내 생각에 가까웠다. 그래서 나는 그에게 투표했다.

② 大阪は海に面した交通の要所です。だから、経済的に発展できたのです。
오사카는 바다에 접해 있는 교통의 요지입니다. 그래서 경제적으로 발전한 것입니다.

❷ これまでに

これまでに街の清掃や一人暮らしのお年寄りの支援といった様々な活動に参加してきました。

이제까지 마을 청소나 혼자 사는 노인의 지원과 같은 다양한 활동에 참가해 왔습니다.

これまでに는 이전부터 현재까지의 기간 또는 현재 시점을 나타내는 표현이다.

① これまでに訪れた数々の海の中で、沖縄の海が一番青くて美しかった。
이제까지 방문한 수많은 바다 중에서 오키나와의 바다가 가장 푸르고 아름다웠다.

② 20歳の誕生日に父が私の成長を収めた動画を作ってくれた。これまでにもらった贈り物の中で一番嬉しかった。
스무살 생일에 아빠가 나의 성장을 기록한 영상을 만들어 주었다. 이제까지 받은 선물 중에서 가장 기뻤다.

본문 

MP3 03-1

大学入学後に最も力を入れてきたことはボランティアです。これまでに街の清掃や一人暮らしのお年寄りの支援といった様々な活動に参加してきました。「就活するにあたってボランティアの実績が必要になるから」という理由ではありません。ボランティアは多様な社会問題を知る機会になるので魅力を感じたためです。教師を目指している私にとって、最も記憶に残っているボランティアは障害を持つ子供の勉強を支援する活動です。この時は「障害の種類が同じだからといって同じ支援をすればいいのではない」ということを学んで、本当に得がたい経験になりました。だから、大学で何かをしたいと考えている大学生にはボランティアを勧めたいです。

본문 요약

◉ 본문의 핵심 내용을 요약해 봅시다.

1 ボランティアを始めたのは「＿＿＿＿＿＿＿＿」という理由ではありません。

2 ボランティアは＿＿＿＿＿＿＿＿＿＿＿＿＿＿＿＿ので魅力を感じました。

3 障害を持つ子供を支援するボランティアでは＿＿＿＿＿＿＿＿＿＿＿＿＿＿＿＿＿＿＿＿＿＿＿＿＿＿＿＿＿＿ということを学びました。

MP3 03-2

받아쓰기

◉ 문장을 듣고 써 봅시다.

‘学生時代に最も力を入れたこと’와 관련된 질문

◉ 작문을 하기 위한 쓸거리를 찾아봅시다.

1 大学に入学してから頑張ろうと思ったことは何ですか。

대학에 입학하고 나서 열심히 하려고 생각한 일은 무엇입니까?

2 なぜ、1)のことを頑張ろうと思いましたか。

왜 1)을 열심히 하려고 생각했습니까?

3 1)をするために具体的にどんなことをしましたか。

1)을 하기 위해 구체적으로 어떤 것을 했습니까?

4 最も記憶に残っている経験は何ですか。

가장 기억에 남아 있는 경험은 무엇입니까?

5 その経験を通して何を学びましたか。

그 경험을 통해서 무엇을 배웠습니까?

※ 작문 예시는 부록을 참고

学生時代(がくせいじだい)に最(もっと)も力(ちから)を入(い)れたこと'와 관련된 작문 연습

◉ 질문에 대한 대답을 모아 문장을 작성해 봅시다.

第4課

失敗や挫折から学んだこと

(실패나 좌절을 통해 배운 것)

학습목표

실패나 좌절을 통해 배운 것에 대해서
이야기할 수 있다.

워밍업

◉ 실패나 좌절을 통해 배운 것에 대해서 작문하여 발표해 봅시다.

1 子供(こども)の頃(ころ)＿＿＿＿＿＿＿＿＿＿して＿＿＿＿＿＿に叱(しか)られました。

2 うっかり＿＿＿＿＿＿＿＿＿＿た / だことがあります。

3 最近(さいきん)、＿＿＿＿＿＿＿＿＿＿て / でしまいました。

4 ＿＿＿＿＿＿＿＿＿＿て / でとても悔(くや)しかったです。

5 ＿＿＿＿＿＿＿＿＿＿て / でとても残念(ざんねん)でした。

예시문

❶ 子供(こども)の頃(ころ)よく壁(かべ)に落書(らくが)きをして母(はは)に叱(しか)られました。
어릴 때 자주 벽에 낙서를 해서 엄마에게 혼났었습니다.

❷ うっかり寝坊(ねぼう)して授業(じゅぎょう)に出(で)られなかったことがあります。
깜빡 늦잠을 자서 수업에 출석하지 못한 적이 있습니다.

❸ 最近(さいきん)、間違(まちが)って違(ちが)う相手(あいて)にメールを送(おく)ってしまいました。
최근에 실수로 다른 사람에게 메일을 보내 버렸습니다.

❹ 体育祭(たいいくさい)の時(とき)、バレーボールの決勝戦(けっしょうせん)で負(ま)けてしまってとても悔(くや)しかったです。
체육대회 때 배구 결승전에서 져서 너무 분했습니다.

❺ 第一志望(だいいちしぼう)の大学(だいがく)に合格(ごうかく)できなくてとても残念(ざんねん)でした。
제 1지망 대학에 합격하지 못해서 너무 유감이었습니다.

어휘 연습

◉ 다음 (　　) 안에 들어갈 적당한 어휘를 고르세요.

1 私の高校にはクラス対抗のダンス(大会 / 試合)がありました。
저희 고등학교에는 반 대항 댄스 대회가 있었습니다.

2 (学級委員長 / 班長)だった私は、優勝していい思い出を作ろうと呼びかけました。 반장이었던 저는 우승해서 좋은 추억을 만들자고 호소했습니다.

3 みんなの立場で考えることを忘れまいと心に決め、態度を(改め / 直し)ました。
모두의 입장에서 생각하는 것을 잊지 말아야겠다고 결심하고 태도를 바꾸었습니다.

1) 大会는 花火大会(불꽃놀이 축제)와 같이 주로 많은 사람들이 특정한 목적을 위해 여는 모임이나 マラソン大会(마라톤 대회)와 같은 스포츠 승부 모임에서 사용한다. 試合는 스포츠 등에서 개인이나 단체가 실력을 겨루어 승패를 결정하는 것을 뜻한다.
2) 学級委員長는 학급의 장, 즉 '반장'을 의미한다. 班長는 학교뿐만 아니라 기업이나 공장, 관청 등에서도 사용되며, 한국어의 '조장'을 의미한다.
3) 改める는 '개선하다'라는 뜻으로, 좋지 못한 상태를 더 좋은 상태로 바꾸는 것을 의미한다. 直す는 '고치다'라는 뜻으로, 自動車を直す(자동차를 고치다)와 같이 비정상적인 상태를 원래의 정상적인 상태로 바꾸는 것을 의미한다.

① 今回は「出会い」をテーマに日本語の弁論大会が開催されます。

② 息子が出場するサッカーの試合は11時から始まります。

③ 明るくてクラスの人気者だった弟は、中学校で3年間学級委員長を務めた。

④ 避難訓練で校庭に集合したら、班長は班員の人数を確認してください。

⑤ 夜更かしする習慣を改め、早寝早起きすることにした。

⑥ 故障したエアコンを直して使うより、新品を買った方がいい。

표현 · 문형 연습

◉ 다음 (　　) 안에 들어갈 적당한 표현 · 문형을 넣으세요.

보기　まい　　た上で　　にすぎなかった
どころではありませんでした

1 グループごとに動きをマスターし(　　　　　　　　)全体練習をすることにしました。

그룹별로 안무를 마스터한 후, 전체 연습을 하기로 했습니다.

2 集まってみると踊れる人が数人しかいなくて、みんなで合わせる(　　　　　　　　)。

모여 보니 춤을 출 수 있는 사람이 몇 명밖에 없어서 다 함께 맞춰 볼 상황이 아니었습니다.

3 自分の考えを押し付けていた(　　　　　　　　)のです。

자신의 생각을 강요하고 있었던 것에 지나지 않았던 것입니다.

4 みんなの立場で考えることを忘れ(　　　　　　　　)と心に決めました。

모두의 입장에서 생각하는 것을 잊지 말아야겠다고 결심했습니다.

❶ ～た上で / ～てから

'～た上で'는 '~한 후에'라는 뜻으로, 앞의 일을 하고 나서 이를 발판으로 뒤의 일을 하는 경우 사용하며, 격식차린 표현이다. 한편 '～てから'도 유사한 표현으로, 앞의 일을 한 다음에 뒤의 일을 하는 것인데, 시간적인 전후관계를 나타내는 데 중점을 두고 있다.

① 次の会議の日程については上司と相談した上で、後ほどご連絡いたします。

② 必ず契約書の内容をよく読んだ上で、捺印をしてください。

③ 石けんで手を洗ってからおやつを食べなさい。

④ 大学を卒業してからIT企業でエンジニアとして働いています。

❷ ～どころではない / ～ている場合ではない

'～どころではない'는 '~할 여유가 없어서 그럴 상황이 아니다'라는 뜻으로, 강한 부정 표현이다. もめているどころではない(다투고 있을 상황이 아니다), 説明どころではない(설명할 여유가 없다)와 같이, 앞 부분에는 동사 보통형 또는 説明するの 説明와 같은 명사가 온다. 유사한 표현인 '～ている場合ではない'도 '~하고 있을 때가 아니다'라는 뜻으로, 주로 다른 사람에게 어떤 행동을 하도록 충고하거나 제안할 때 사용한다.

① 会議中に地震が起きて話し合っているどころではありませんでした。

② 初めて海雲臺に来たのに、こんなに海水浴客が多くては泳ぐどころではない。

③ 明日、試験があるなら遊んでいる場合じゃないでしょ。

④ こうしている場合じゃないですよ。早く家に帰った方がいいですよ。

❸ ～にすぎない / ～のみだ

'～にすぎない'는 '~에 불과하다, ~일 뿐이다'라고 평가하는 표현이며, 명사 및 동사 보통형에 접속한다. 한편 '～のみだ'는 '다른 것은 없고 이것 뿐이다'라고 한정하는 표현이다. 예를 들어 10分(じゅっぷん)にすぎない(10분에 불과하다)는 10분이 짧다고 평가하는 표현이고, 10分(じゅっぷん)のみだ(10분뿐이다)는 10분으로 한정되어 있다고 설명하는 표현이다.

① 優勝(ゆうしょう)したといっても小(ちい)さな地方大会(ちほうたいかい)にすぎません。

② クレームの一(ひと)つにすぎないんだから、そんなに気(き)にすることはありませんよ。

③ これまでにヨーロッパ以外(いがい)のチームでメダルを獲得(かくとく)したのは中国(ちゅうごく)チームのみです。

④ 顧客(こきゃく)の満足調査(まんぞくちょうさ)をした結果(けっか)、クレームは1件(いっけん)のみでした。

❹ ～まい / ～ない

'～まい'와 '～ない'는 부정 표현으로, '～ない'는 '~하지 않는다'는 가벼운 의지를 나타내기도 하고, '～まい'는 '~하지 않겠다'는 1인칭 주어의 강한 의지를 나타낸다. 동사 보통형에 접속하지만, 2그룹 동사는 考(かんが)えまい(생각하지 말자)와 같은 형태도 되고, する는 すまい, するまい 모두 가능하다. 한편 '～まい'는 '~하지 않을 것이다'라는 추측 표현으로도 사용된다. 이때는 1인칭에 한정되지 않으며 彼(かれ)は行(い)くまい(그는 가지 않을 것이다)와 같이 사용할 수 있다.

① 店員(てんいん)の態度(たいど)がとても悪(わる)くて「二度(にど)と来(く)るまい」と思(おも)いました。

② 才能(さいのう)に恵(めぐ)まれている君(きみ)に僕(ぼく)の気持(きも)ちなんて分(わ)かるまい。

③ 失恋(しつれん)がこんなに苦(くる)しいとは、もう恋(こい)なんてしない。

④ 新(あたら)しくお店(みせ)を始(はじ)めても宣伝(せんでん)をしなければお客(きゃく)さんは来(こ)ない。

❶ ところが

グループごとに動きをマスターした上で全体練習をすることにしました。ところが、集まってみると踊れる人が数人しかいませんでした。 그룹별로 안무를 마스터한 후, 전체 연습을 하기로 했습니다. 그런데 모여 보니 춤을 출 수 있는 사람이 몇 명밖에 없었습니다.

ところが는 앞의 문장에서 기대하는 내용과 반대되는 의외의 내용이 등장할 때 사용한다.

① ホームページには年中無休と書いてあった。ところが、行ってみると店が閉まっていた。 홈페이지에는 연중무휴라고 써 있었다. 그런데 가 보니 가게는 닫혀 있었다.

② 晩ご飯のメニューは息子が大好きなすき焼きにした。ところが、息子は一口も肉を食べなかった。

저녁 메뉴는 아들이 아주 좋아하는 스키야키로 했다. 그런데 아들은 고기를 한 점도 먹지 않았다.

❷ しかも

しかも、難易度が高すぎるとか、時間を取られたくないとか、様々な不満が噴出したのです。

게다가 난이도가 높다든가 시간을 뺏기고 싶지 않다든가 하는 여러 가지 불만이 터져 나왔습니다.

しかも는 '게다가'라는 뜻이다. 앞의 문장에 이어 내용을 추가하고 싶을 때 사용한다.

① この映画は国内で大ヒットした。しかも、数々の国際映画祭で上映されて海外でも話題になった。

이 영화는 국내에서 크게 흥행했다. 게다가 수많은 국제영화제에서 상영되어 해외에서도 화제가 되었다.

② 昨日行ったレストランの料理はお世辞にもおいしいとは言えなかった。しかも、店員が不愛想だったのでがっかりした。

어제 간 레스토랑 음식은 빈말로라도 맛있다고 할 수 없었다. 게다가 점원이 무뚝뚝해서 실망했다.

본문 

MP3 04-1

私の高校にはクラス対抗のダンス大会がありました。学級委員長だった私は、優勝していい思い出を作ろうと呼びかけました。ダンス部の友達にかっこいい振り付けを考えてもらい、グループごとに動きをマスターした上で全体練習をすることにしました。

ところが、集まってみると踊れる人が数人しかいなくて、みんなで合わせるどころではありませんでした。しかも、難易度が高すぎるとか、時間を取られたくないとか、様々な不満が噴出したのです。私はリーダー失格でした。自分の考えを押し付けていたにすぎなかったのです。私は思いを共有することの大切さと難しさを痛感しました。そして、みんなの立場で考えることを忘れまいと心に決め、態度を改めました。

본문 요약

◉ 본문의 핵심 내용을 요약해 봅시다.

1 私は学級委員長として、＿＿＿＿＿＿＿＿＿＿と呼びかけました。

2 しかし、全体練習の時、＿＿＿＿＿＿＿＿＿＿ことがわかりました。

3 この出来事を通して、＿＿＿＿＿＿＿＿＿＿を学びました。

MP3 04-2

받아쓰기

◉ 문장을 듣고 써 봅시다.

‘失敗や挫折から学んだこと’와 관련된 질문

◉ 작문을 하기 위한 쓸거리를 찾아봅시다.

1 いつ挫折や失敗を経験しましたか。

언제 좌절이나 실패를 경험했습니까?

……………………………………………………………………………………

2 どんな挫折や失敗をしましたか。

어떤 좌절이나 실패를 했습니까?

……………………………………………………………………………………

3 その時どんなことを反省しましたか。

그때 어떤 것을 반성했습니까?

……………………………………………………………………………………

4 その経験からどんなことを学んだり、考えたりしましたか。

그 경험을 통해 무엇을 배우거나, 생각하거나 했습니까?

……………………………………………………………………………………

5 その経験のおかげでどんな変化がありましたか。

그 경험 덕분에 어떤 변화가 있었습니까?

……………………………………………………………………………………

※ 작문 예시는 부록을 참고

'失敗(しっぱい)や挫折(ざせつ)から学(まな)んだこと'와 관련된 작문 연습

◉ 질문에 대한 대답을 모아 문장을 작성해 봅시다.

第5課

私の長所・強み

(나의 장점 · 강점)

· 학습목표 ·

나의 장점 및 강점에 대해서 이야기할 수 있다.

워밍업

◉ 나의 장점 · 강점에 대해서 작문하여 발표해 봅시다.

1 周りの人から＿＿＿＿＿＿＿＿＿＿のが上手だと言われたことがあります。

2 私は＿＿＿＿＿＿＿＿て / でいると時間を忘れてしまいます。

3 ＿＿＿＿＿＿＿＿＿＿＿＿ら、＿＿＿＿＿＿＿＿＿＿からほめられました。

4 ＿＿＿＿＿＿＿＿＿＿＿のが私のいいところだと思います。

5 ＿＿＿＿＿＿＿＿＿＿＿＿＿＿＿＿のは苦になりません。

예시문

❶ 周りの人から映画のあらすじを話すのが上手だと言われたことがあります。
주변 사람들에게 영화 줄거리를 이야기하는 것을 잘한다고 들은 적이 있습니다.

❷ 私は好きな作家の漫画を読んでいると時間を忘れてしまいます。
나는 좋아하는 작가의 만화를 읽고 있으면 시간 가는 줄 모릅니다.

❸ 発表の資料を作ったら、グループのみんなからほめられました。
발표 자료를 만들었더니 그룹원으로부터 칭찬받았습니다.

❹ 立ち直りが早いのが私のいいところだと思います。
빨리 극복하는 것이 나의 좋은 점이라고 생각합니다.

❺ 有名な店の前で並んで待つのは苦になりません。
유명한 가게 앞에서 줄서서 기다리는 것은 힘들지 않습니다.

어휘 연습

◉ 다음 (　　) 안에 들어갈 적당한 어휘를 고르세요.

1 私の(長所 / 長点)はチャレンジ精神があることです。

나의 장점은 도전 정신이 있는 점입니다.

2 学校で(習った / 学んだ)とおりに英語を話しました。

학교에서 배운대로 영어를 사용했습니다.

3 最終バスを(逃したり / 逃がしたり)するなど大変なこともたくさんありました。 마지막 버스를 놓치기도 하는 등 힘든 일도 많이 있었습니다.

1) 한국어의 장점(長点), 단점(短点)은 각각 일본어의 長所, 短所에 해당한다.
2) 習う는 学校で柔道を習った(학교에서 유도를 배웠다)와 같이 스포츠나 예술 등을 반복하여 배우거나 공부를 통해 알게 된다는 의미이다. 대개 가르치는 사람이 있다. 学ぶ는 人生を学ぶ(인생을 배우다)와 같이 학문이나 지식뿐만 아니라 경험 등을 통해 터득한다는 의미를 가진다. 가르치는 사람이 없을 때도 사용한다.
3) 逃す는 '놓치다'라는 뜻으로, 의도하지 않게 실수로 놓치는 것을 의미한다. 逃がす는 실수로 놓치는 것뿐만 아니라 釣った魚を逃がした(잡은 물고기를 놓아주었다)와 같이 의도를 가지고 놓아준다는 의미로도 사용한다.

① プラスチックの長所は複雑な形にも加工しやすいところです。

② 頑固で融通が利かないのが私の短所です。

③ 妹は子供の頃からバレエを習っているので姿勢がいいです。

④ インターンシップを通して、社会人としての心構えを学びました。

⑤ この機会を逃したら、次に同じ彗星が観測できるのは８０年後だ。

⑥ 飼っていたカブトムシを近くの森に逃がしてやった。

표현 · 문형 연습

◉ 다음 (　) 안에 들어갈 적당한 표현 · 문형을 넣으세요.

보기
ずにはいられない　　だあげく
てはならない　　にも関わらず

1 面白そうなことは何でもしてみ (　　　　　　　　) 性格でした。

재미있을 것 같은 일은 무엇이든지 해 보지 않고는 안 되는 성격이었습니다.

2 学校で習ったとおりに英語を話している (　　　　　　　　) 相手に話が通じなかった。

학교에서 배운대로 영어를 사용하고 있는데도 불구하고 상대방과 말이 통하지 않았다.

3 夜まで遊ん (　　　　　　　　) 最終バスを逃した。

밤늦게까지 놀다가 결국 마지막 버스를 놓쳤다.

4 何ごとにも挑戦する気持ちを忘れ (　　　　　　　　) と思います。

무엇이든지 도전하는 마음을 잊어서는 안 된다고 생각합니다.

❶ ～ずにはいられない / ～てはいられない

'～ずにはいられない'는 '~하지 않고는 견딜 수 없다'라는 뜻으로, 말하는 사람이 상황이나 사정으로 인해 '~하고 싶다'는 마음이 생기거나 신체적으로 하지 않고는 견딜 수 없는 경우에 사용하는 표현이다. 이중 부정 표현은 강한 긍정을 나타내므로 결국 한다는 뜻이다. 한편 '～てはいられない'는 '~해서는 견딜 수 없다'라는 뜻으로, 앞의 행동을 하고 싶지 않다는 뜻이 된다.

① 田中さんは困っている人を見ると助けずにはいられない性格です。

② 大好きな韓流スターのファンミーティングが開かれるなんて行かずにはいられません。

③ その俳優の演技はあまりにも下手で見てはいられません。

④ 親友を馬鹿にされて黙ってはいられませんでした。

❷ ～にも関わらず / ～に反して

'～にも関わらず'는 '~인데도 불구하고'라는 뜻으로, 앞에서 예상되는 것과는 다른 내용이 뒤에 온다. 말하는 사람의 불만이나 비난을 나타내거나, 놀람, 의외라는 뜻을 나타내기도 한다. 한편 '～に反して'는 '~에 반하여'라는 뜻으로, 期待に反して(기대에 반하여), 予想に反して(예상과 다르게)와 같이 기대나 예상과 반대되는 결과가 올 때 사용한다.

① 私が一生懸命作ったにも関わらず、子供たちは「おいしくない」と言って、ほとんど残しました。

② ゴールデンウィークであるにも関わらず、街に人は多くありませんでした。

③ ファンの期待に反して、監督は投手を交替させました。

④ 新聞社の予想に反して、選挙ではA候補が当選しました。

③ ～あげく(に) / ～末(に)

'～あげく(に)'는 '~한 끝에'라는 뜻으로, 주로 いろいろ(여러가지), 長らく(오랫동안)와 함께 결국 좋지 않은 결과가 나왔을 때 사용한다. 유사한 표현인 '～末(に)'도 いろいろ(여러가지) 등과 함께 사용되지만, 부정적인 결과뿐만 아니라 긍정적인 결과에도 사용할 수 있다.

① パソコンを自分で直そうとあれこれいじったあげく、壊してしまいました。

② 彼は長年顧客のクレーム対応をしたあげく、ストレスで心を患ってしまいました。

③ その工場では杜撰な安全管理をした末に、爆発事故が発生しました。

④ 紆余曲折の末に、結局、彼と結婚しました。

④ ～てはならない / ～てはいけない

'～てはならない'는 '~해서는 안 된다'라는 뜻으로, 주로 객관적인 판단을 나타내지만, 회화체로는 사용하지 않는다. 유사한 표현인 '～てはいけない'는 주로 일상적인 상황에서 사용한다.

① 「自由」や「平和」を当たり前だと考えてはなりません。

② 貧しい人が病院で治療を受けられないことがあってはなりません。

③ とても深いので、この池で泳いではいけません。

④ サーバーがある部屋には関係者以外、入ってはいけません。

❶ ～が

チャレンジ精神はありますが、興味を持ったことに関しては綿密な計画を立てないで行動をするので…。

도전 정신은 있지만, 흥미가 생긴 일에 관해서는 면밀한 계획을 세우지 않고 행동하니까….

'～が'는 앞의 내용의 일부를 부정하거나 반대되는 내용을 뒷 문장에 서술할 때 사용한다.

① 兄は勉強熱心ではないが、常に成績はトップを維持している。

형은 공부를 열심히 하지는 않는데, 항상 성적은 톱을 유지하고 있다.

② 被告人は無罪を主張したが、懲役 3 年の実刑判決が下された。

피고는 무죄를 주장하지만, 징역 3년의 실형 판결을 받았다.

❷ しかし

それが短所と言えば短所ではあります。しかし、挑戦こそが人を成長させる原動力でしょう。

이 점이 단점이라면 단점이기도 합니다. 하지만 도전이야말로 사람을 성장하도록 하는 원동력이겠지요.

しかし는 역접의 접속사로 앞 문장과 뒷 문장의 내용이 대비될 때 사용한다. 단점이라고 할 수도 있지만 도전이야말로 사람을 성장시키는 원동력이라는 긍정적인 내용을 기술하고 있다.

① かつてサンマは最も安く食べられる魚でした。しかし、最近漁獲量が減少し価格が高騰しています。예전에 꽁치는 매우 저렴하게 먹을 수 있는 생선이었습니다. 하지만 최근 어획량이 감소하여 가격이 급등했습니다.

② 『ガリバー旅行記』は児童文学だと思っている人が多い。しかし、実際は当時の社会を批判した風刺小説だった。'걸리버 여행기'는 아동문학이라고 생각하는 사람이 많다. 하지만 실제는 당시의 사회를 비판하는 풍자소설이었다.

본문 

MP3 05-1

私の長所はチャレンジ精神があることです。子供の頃から面白そうなことは何でもしてみずにはいられない性格でした。中学生の時から英語の勉強が好きだった私は大学２年生の時アメリカへ半年間、短期留学しました。学校で習ったとおりに英語を話しているにも関わらず相手に話が通じなかったり、夜まで遊んだあげく最終バスを逃したりするなど大変なこともたくさんありました。でも、留学では多くのことを学べました。チャレンジ精神はありますが、興味を持ったことに関しては綿密な計画を立てないで行動をするので、それが短所と言えば短所ではあります。しかし、挑戦こそが人を成長させる原動力でしょう。何ごとにも挑戦する気持ちを忘れてはならないと思います。

본문 요약

◎ 본문의 핵심 내용을 요약해 봅시다.

1 私は子供の頃から ______________________ 性格でした。

2 アメリカへ留学した時は夜まで ______________________ など大変なこともありましたが、多くのことを学べました。

3 何ごとにも ______________________ と思います。

MP3 05-2

받아쓰기

◉ 문장을 듣고 써 봅시다.

‘私(わたし)の長所(ちょうしょ)・強(つよ)み’와 관련된 질문

◉ 작문을 하기 위한 쓸거리를 찾아봅시다.

1 あなたの強(つよ)みは何(なん)ですか。

당신의 장점은 무엇입니까?

2 あなたの弱(よわ)みは何(なん)ですか。

당신의 단점은 무엇입니까?

3 あなたの強(つよ)み・弱(よわ)みに関連(かんれん)するエピソードは何(なん)ですか。

당신의 장·단점과 관련된 에피소드는 무엇입니까?

4 強(つよ)みや弱(よわ)みに関連(かんれん)する成功(せいこう)した体験(たいけん)、失敗(しっぱい)した体験(たいけん)はありますか。

장점이나 단점과 관련하여 성공한 체험이나 실패한 체험은 있습니까?

5 1)～4)を踏(ふ)まえて、あなたのモットーは何(なん)ですか。

1)~4)를 토대로 당신의 모토는 무엇입니까?

※ 작문 예시는 부록을 참고

‘私の長所・強み’와 관련된 작문 연습

◉ 질문에 대한 대답을 모아 문장을 작성해 봅시다.

第6課

私のロールモデル

(나의 롤 모델)

학습목표

나의 롤 모델에 대해서 이야기할 수 있다.

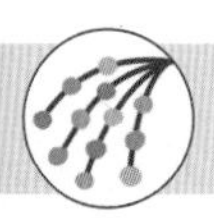

◉ 나의 롤 모델에 대해서 작문하여 발표해 봅시다.

1 子供(こども)の頃(ころ)は＿＿＿＿＿みたいな＿＿＿＿＿になりたいと思(おも)っていました。

2 「＿＿＿＿＿」に登場(とうじょう)する＿＿＿＿＿が好(す)きです。
＿＿＿＿＿＿＿＿＿＿からです。

3 ＿＿＿＿＿＿＿＿＿＿人(ひと)はすごいと思(おも)います。

4 ＿＿＿＿＿の＿＿＿＿＿ところを真似(まね)したいです。

5 ＿＿＿＿＿て / でいる＿＿＿＿＿のように
＿＿＿＿＿＿＿＿＿＿たいです。

예시문

❶ 子供(こども)の頃(ころ)はメッシみたいなサッカー選手(せんしゅ)になりたいと思(おも)っていました。
어린 시절에는 메시같은 축구 선수가 되고 싶다고 생각했습니다.

❷ 「ワンピース」に登場(とうじょう)するルフィが好(す)きです。仲間(なかま)を大切(たいせつ)にするからです。
'원피스'에 등장하는 루피를 좋아합니다. 동료를 소중히 여기기 때문입니다.

❸ 自分(じぶん)の意見(いけん)をはっきり言(い)える人(ひと)はすごいと思(おも)います。
자신의 의견을 분명히 말할 수 있는 사람은 대단하다고 생각합니다.

❹ ミンス君(くん)の何(なん)でもすぐに調(しら)べるところを真似(まね)したいです。
민수 군의 무엇이든지 바로 조사하는 점을 닮고 싶습니다.

❺ ツアーガイドをしている姉(あね)のようにいろいろな国(くに)に行(い)く仕事(しごと)がしたいです。
투어 가이드를 하고 있는 언니처럼 여러 나라에 가는 일을 하고 싶습니다.

◉ 다음 (   ) 안에 들어갈 적당한 어휘를 고르세요.

1 若い頃からの夢だったカメラマンに(転身 / 転向)しました。

젊었을 때부터 꿈이었던 카메라맨으로 전향했습니다.

2 自分の価値観に沿って(楽し / 嬉し)そうに生きています。

자신의 가치관에 따라 즐겁게 살아가고 있습니다.

3 自分の夢を(見つけて / 探して)それを仕事にしたいです。

자신의 꿈을 발견하여 그것을 직업으로 삼고 싶습니다.

1) 転身은 직업이나 신분을 완전히 바꾼다는 의미이다. 転向는 アマチュア選手がプロに転向する(아마추어 선수가 프로로 전향하다)와 같이 동일 분야에서 위상 등을 바꾸거나 새롭게 다른 방향을 지향한다는 의미로 사용한다.

2) 楽しい는 만족스럽고 유쾌한 기분이나 어떤 장소의 좋은 분위기를 의미한다. 楽しい音楽(즐거운 음악)나 楽しい人(즐거운 사람)와 같이 사용할 수도 있다. 嬉しい는 어떤 일이 자신이 바라는 대로 되거나 했을 때의 기쁜 감정을 의미한다.

3) 見つける는 '찾다, 발견하다'라는 뜻의 찾은 결과에 초점을 맞춘 표현이고, 探す는 '찾다'라는 뜻의 찾고 있는 과정에 초점을 둔 표현이다.

① 若い頃は陸上選手だったが、引退後に俳優に転身して、数々の映画に出演した。

② ダム建設反対を訴えていた友人が、最近急に賛成派に転向した。

③ 子供好きの私にとって、保育士はとても楽しい仕事です。

④ 1週間前に蒔いたひまわりの種から無事に芽が出て嬉しいです。

⑤ いろいろな店を見て回って、やっと自分に合った枕を見つけた。

⑥ プロフィールに使えそうな写真を探しているのだが、あまりいいのがない。

표현 · 문형 연습

◉ 다음 (　　) 안에 들어갈 적당한 표현 · 문형을 넣으세요.

보기　ことだ　　だけに　　つつある　　に沿って

1 自分の価値観(　　　　　　　)楽しそうに生きている叔父を私は心から尊敬しています。

자신의 가치관에 따라 즐겁게 살아가고 있는 삼촌을 나는 마음속 깊이 존경하고 있습니다.

2 叔父は「嫌いなことは勇気をもって手放す(　　　　　　　)」と言ってくれました。

삼촌은 '싫은 일은 용기를 내어 놓아 버리는 거다'라고 말해 주었습니다.

3 夢を実現した叔父の言葉(　　　　　　　)説得力がありました。

꿈을 실현한 삼촌의 말이었던 만큼 설득력이 있었습니다.

4 自分に何が向いているのか、少しずつ明確になり(　　　　　　　)。

자신에게 무엇이 맞는지 조금씩 명확해지고 있다.

1 ～に沿って / ～に従って

'～に沿って'는 도로나 계획표와 같은 것을 그대로 따라간다는 의미를 가진다. 計画に沿って(계획에 따라), マニュアルに沿って(매뉴얼에 따라)와 같이 표현할 수 있다. 한편 '～に従って'는 規則に従って(규칙에 따라)와 같이 규칙, 지시 등을 어기지 않고 따르는 경우 사용할 수 있다.

① 道路に沿ってイチョウの木が植えられています。

② プロジェクトは予定表に沿って順調に進みました。

③ オーケストラの団員が指揮者の指示に従って演奏しています。

④ 法令に従って、国はその土地を買収しました。

2 ～ことだ / ～ものだ

'～ことだ'는 '~해야 한다'는 뜻으로, 주로 아랫사람에게 개인적으로 조언을 하거나 충고할 때 사용할 수 있다. 한편 '～ものだ'도 충고하거나 조언할 때 사용하며, 주로 일반적인 상식으로 당연하다는 느낌이 강하다.

① 日本の現代文学が知りたいなら村上春樹を読んでみることですよ。

② よい睡眠のためには寝る前に酒を飲まないことだ。

③ 困っている人がいたら誰であっても助けてあげるものだ。

④ 子供は夜９時には寝るものだ。

3 ～だけ(に) / ～ほど(に)

'～だけ(に)'는 '~인 만큼'이란 뜻으로, 앞에 있는 상황 등에 걸맞은 결과가 뒤에 오고, 주로 평가하거나 판단할 때 사용한다. 한편 '～ほど(に)'는 '~할 정도로'라는 뜻으로, 그 정도를 강조해서 표현할 수 있다. 예를 들어, 涙が出るほど笑った(눈물이 날 정도로 웃었다)와 같이 사용할 수 있다.

① 田中さんは10年間、アメリカにいただけに英語が上手です。

② 金さんは電子工学が専門であるだけにコンピューターに詳しいです。

③ その映画を見て、お腹が痛くなるほど笑いました。

④ 喉から手が出るほどに新しいモデルのスマホがほしいです。

4 ～つつある / ～ている

'～つつある'는 어떤 일이 지금 변화하고 있는 도중이라는 것을 강조하는 표현으로, 일상적인 생활과 관련해서는 많이 사용하지 않는다. 예를 들어 状況が変わりつつある(상황이 바뀌고 있다)와 같은 표현을 쓸 수 있다. 한편 '～ている'는 作っている(만들고 있다)와 같이 타동사와 접속하여 동작의 진행을 나타내는 표현이다. 참고로, 卒業している(졸업했다)와 같이 순간동사와 접속하면 결과의 상태를 나타내는 표현이 된다.

① 多くの世代で働き方に対する考えが変わりつつあります。

② 韓国や日本では若い世代の人口が減りつつあります。

③ 広場で子供たちが歌を歌っています。

④ 小林さんがピアノでショパンの曲を弾いています。

작문에 필요한 지식

❶ 例えば

例えば、要らないものは思い切って捨てたり、気が向かない仕事は断ったりしています。

예를 들면 필요 없는 것은 과감히 버리거나 마음이 내키지 않는 일은 거절하고 있습니다.

例えば는 앞에 나온 내용을 구체적인 예를 들어 설명할 때 사용한다.

① 能では面の角度で感情を表現します。例えば、上を向くと笑っているように見え、下を向くと悲しんでいるように見えます。노(能)에서는 가면의 각도로 감정을 표현합니다. 예를 들어 위를 향하면 웃는 것처럼 보이고, 아래를 향하면 슬퍼하는 것처럼 보입니다.

❷ そして

要らないものは思い切って捨てたり、気が向かない仕事は断ったりしています。そして、自分に何が向いているのか、少しずつ明確になりつつあります。 필요 없는 것은 과감히 버리거나 마음이 내키지 않는 일은 거절하고 있습니다. 그리고 자신에게 무엇이 맞는지 조금씩 명확해지고 있습니다.

そして는 순접 접속사로 앞의 문장에 이어 내용을 추가할 때 사용한다.

① 全ての材料をボールに入れます。そして、箸でよくかき混ぜます。

모든 재료를 볼에 넣습니다. 그리고 젓가락으로 잘 저어 섞어 줍니다.

② 遊びは子供にとっては生活の中心です。そして、遊ぶことを通して知能が発達していきます。

놀이는 아이에게 있어서는 생활의 중심입니다. 그리고 노는 것을 통해서 지능이 발달해 갑니다.

본문

MP3 06-1

私の叔父はある日突然会社を辞めて、若い頃からの夢だったカメラマンに転身しました。現在、業界では結構有名な存在になっています。自分の価値観に沿って楽しそうに生きている叔父を私は心から尊敬しています。やりたいことが見つからなくて悩んでいた私に、叔父は「嫌いなことは勇気をもって手放すことだ」と言ってくれました。夢を実現した叔父の言葉だけに説得力がありました。私は今、叔父に言われたことを実践中です。例えば、要らないものは思い切って捨てたり、気が向かない仕事は断ったりしています。そして、自分に何が向いているのか、少しずつ明確になりつつあります。いつの日か自分の夢を見つけてそれを仕事にし、叔父のように充実した人生を送りたいと思っています。

본문 요약

◉ 본문의 핵심 내용을 요약해 봅시다.

1 ＿＿＿＿＿＿＿＿を辞めて＿＿＿＿＿＿＿＿＿＿＿＿た叔父は、＿＿＿＿＿＿＿＿＿＿＿＿＿＿＿＿＿＿＿＿ています。

2 叔父は私に＿＿＿＿＿＿＿＿＿＿＿＿＿＿＿なさいと言いました。

3 今、＿＿＿＿＿＿＿て、＿＿＿＿＿＿＿＿＿＿＿＿＿＿＿＿＿＿＿＿＿＿＿＿＿つつあります。

MP3 06-2

받아쓰기

◉ 문장을 듣고 써 봅시다.

‘私(わたし)のロールモデル’와 관련된 질문

작문을 하기 위한 쓸거리를 찾아봅시다.

1 ロールモデルは誰(だれ)ですか。

롤 모델은 누구입니까?

2 その人(ひと)はどんな人(ひと)ですか。

그 사람은 어떤 사람입니까?

3 その人(ひと)のどんなところを尊敬(そんけい)していますか。

그 사람의 어떤 점을 존경합니까?

4 その人(ひと)の信条(しんじょう)やモットーは何(なん)ですか。

그 사람의 신조나 모토는 무엇입니까?

5 ロールモデルから学(まな)んだことをどのように生(い)かしていきたいですか。

롤 모델로부터 배운 것을 어떻게 활용하고 싶습니까?

※ 작문 예시는 부록을 참고

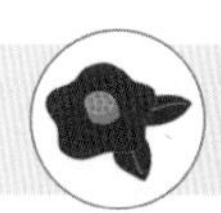

'私(わたし)のロールモデル'와 관련된 작문 연습

◉ 질문에 대한 대답을 모아 문장을 작성해 봅시다.

第7課

気になるニュース

(궁금한 뉴스)

학습목표

궁금한 뉴스에 대해서 이야기할 수 있다.

워밍업

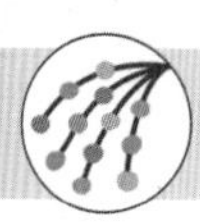

◉ 궁금한 뉴스에 대해서 작문하여 발표해 봅시다.

1 新(あら)しい情報(じょうほう)やニュースは ______________ でチェックします。

2 最近(さいきん)、______________ に関(かん)するニュースをよく目(め)にします。

3 私(わたし)は ______________ の動向(どうこう)に関心(かんしん)を持(も)っています。

4 今(いま)、私(わたし)は ______________ に関(かん)する情報(じょうほう)が欲(ほ)しいです。

5 今後(こんご)は ______________ にもっと注目(ちゅうもく)していきたいです。

예시문

❶ 新(あら)しい情報(じょうほう)やニュースはネット新聞(しんぶん)でチェックします。
새로운 정보나 뉴스는 인터넷 신문으로 체크합니다.

❷ 最近(さいきん)、自然災害(しぜんさいがい)に関(かん)するニュースをよく目(め)にします。
최근에 자연재해에 관한 뉴스를 자주 봅니다.

❸ 私(わたし)は映画産業(えいがさんぎょう)の動向(どうこう)に関心(かんしん)を持(も)っています。
저는 영화 산업의 동향에 관심을 가지고 있습니다.

❹ 今(いま)、私(わたし)は北海道(ほっかいどう)のスキー場(じょう)に関(かん)する情報(じょうほう)が欲(ほ)しいです。
지금 저는 홋카이도의 스키장에 관한 정보가 필요합니다.

❺ 今後(こんご)は睡眠(すいみん)のメカニズムにもっと注目(ちゅうもく)していきたいです。
앞으로는 수면의 메커니즘에 더욱 주목하고 싶습니다.

◉ 다음 (　　) 안에 들어갈 적당한 어휘를 고르세요.

1 近年、IT技術の(発展 / 発達)にともなって私たちの生活は大きく変わりました。최근 IT기술의 발전과 함께 우리들의 생활은 크게 바뀌었습니다.

2 スマホは電話のみならず、ゲームや(決済 / 勘定)、身分証明など多くのことができます。

스마트폰으로는 전화뿐만 아니라 게임이나 결제, 신분 증명 등 많은 것을 할 수 있습니다.

3 AIをめぐって様々な(議論 / 相談)が交わされています。

AI를 둘러싸고 다양한 논의가 이루어지고 있습니다.

1) 発展은 기술이나 학문 등과 관련된 일이 진행되어 다음 단계로 나아가는 것을 의미한다. 発達는 더 좋은 상태나 더 진행된 다음 단계로 나아가는 것을 의미하며, 태풍, 고기압과 같은 기상과 관련된 대상이나 신체, 정서의 성숙함을 나타내기도 한다.

2) 決済는 현금이나 물건 등을 주고 받은 후 거래를 끝내는 것을 의미한다. 일반적으로 상점이나 식당에서 계산하는 것은 決済나 計算이 아니라 (お)勘定나 (お)会計를 사용한다. (お)勘定는 연령대가 높은 사람들이 주로 사용한다.

3) 議論(논의)은 상대방과 서로 의견을 논하는 것을 의미한다. 相談(상담)은 문제 해결을 위해서 서로 이야기하거나 타인의 의견을 듣는 것을 말한다.

① 鉄道の開通により、この街は東京のベッドタウンとして急速に発展した。

② 人類が地球で繁栄できたのは、大きく発達した脳のおかげだ。

③ 事前に現金をチャージしたプリペイドカードで、決済する。

④ 食事の後でお手洗いに行くふりをして、先に勘定を済ませた。

⑤ 選挙の前に、高校生の政治活動について友達と議論になった。

⑥ 卒業後の進路について先生に相談した。

표현 · 문형 연습

◉ 다음 (　　) 안에 들어갈 적당한 표현 · 문형을 넣으세요.

보기　かねない　なしで　にともなって　をめぐって

1 IT技術の発展(　　　　　　　　　　)私たちの生活は大きく変わりました。

IT기술의 발전과 함께 우리들의 생활은 크게 바뀌었습니다.

2 今ではスマホ(　　　　　　　　　　)生活するのは不可能なほどです。

지금은 스마트폰 없이 생활하는 것은 불가능할 정도입니다.

3 最近では将来自分の仕事をAIに奪われ(　　　　　　　　　　)と考える人もいるようだ。

최근에는 미래에 자신의 일을 AI에게 빼앗길지도 모른다고 생각하는 사람도 있는 것 같다.

4 AI(　　　　　　　　　　)様々な議論が交わされています。

AI를 둘러싸고 다양한 논의가 이루어지고 있습니다.

❶ ～にともなって / ～につれて

'～にともなって'와 '～につれて'는 '~에 따라서'라는 뜻으로, 앞과 뒤에 모두 변화를 나타내는 표현이 온다. 이때 뒤에는 말하는 사람의 의지를 나타내거나 상대방에게 권유하는 표현은 올 수 없다(夏になるにつれてダイエットしよう(×)). '～にともなって'가 보다 격식차린 표현이다.

① 高齢者の人口増加にともなって社会保障に関する新たな問題が生じました。

② 中国からの観光客が増えるにともなって日本の観光産業が活気づいてきました。

③ その時は辛かったですが、時が経つにつれていい思い出に変わっていきました。

④ 多くの人は年を重ねるにつれて性格が丸くなります。

❷ ～なしで / ～ぬきで

'～なしで'는 '~없이, ~하지 않고'라는 뜻으로, 명사에 접속한다. 予約なしで行ってみた(예약 없이 가 봤다)와 같이, 보통 하는 것을 하지 않을 때 사용한다. 한편 '～ぬきで'는 명사에 접속하여 わさびぬきで(고추냉이를 빼고)와 같이 어떤 대상을 빼거나 생략하는 경우에 사용한다.

① 韓国語の勉強のために韓国映画を字幕なしで見ました。

② 彼は通訳なしで、外国のバイヤーと商談を進めました。

③ 同期入社の若手が集まって、上司ぬきで飲み会を開きました。

④ ヘレン・ケラーの生涯をサリバン先生ぬきで語ることはできません。

3 ~かねない / ~かもしれない

'~かねない'는 '~할지도 모른다'라는 뜻으로, 동사의 ます형에 접속한다. 爆発(ばくはつ)しかねない(폭발할지도 모른다)와 같이 주로 좋지 않은 결과에 사용한다. 한편 '~かもしれない'는 유사한 표현이지만 긍정적인 결과에도 사용할 수 있다.

① 壊(こわ)れた遊具(ゆうぐ)をそのままにしていては子供(こども)がけがをしかねません。

② 東(ひがし)シナ海(かい)で国際問題(こくさいもんだい)に発展(はってん)しかねない船舶事故(せんぱくじこ)が発生(はっせい)しました。

③ 雨(あめ)が降(ふ)るかもしれないから傘(かさ)を持(も)っていきましょう。

④ 今年(ことし)はボーナスが増額(ぞうがく)されるかもしれません。

4 ~をめぐって / ~に関連(かんれん)して

'~をめぐって'는 '~를 둘러싸고'라는 뜻으로, 주로 어떤 대상에 대해 논의, 논쟁하는 경우에 사용한다. '~に関連(かんれん)して'는 '~에 관련해서'라는 뜻으로, 주로 말하거나 생각하는 대상을 말할 때 사용한다.

① 東(ひがし)ヨーロッパで勃発(ぼっぱつ)した戦争(せんそう)をめぐって各国(かっこく)の首脳(しゅのう)が集(あつ)まって議論(ぎろん)しました。

② A社(エーしゃ)との契約(けいやく)を破棄(はき)するかどうかをめぐって社員(しゃいん)の意見(いけん)が分(わ)かれました。

③ ソウルで起(お)きた事故(じこ)に関連(かんれん)して大統領(だいとうりょう)が談話(だんわ)を発表(はっぴょう)しました。

④ 新製品(しんせいひん)の開発(かいはつ)に関連(かんれん)してA社(エーしゃ)との段取(だんど)りを話(はな)し合(あ)いました。

中(なか)でも / とりわけ

IT(アイティー)技術(ぎじゅつ)の中(なか)でも私(わたし)がとりわけ気(き)になるのはAI(エーアイ)です。

IT기술 중에서도 제가 특히 궁금한 것은 AI입니다.

中(なか)でも는 '(어떤 분야, 대상, 범위) 중에서'라는 뜻이다. 그중에서 다른 것에 비해 특별히 주목할 만한 대상을 언급할 때 とりわけ를 사용한다. 긍정적인 평가에도 부정적인 평가에도 사용할 수 있다.

① 子供(こども)たちの読解力(どっかいりょく)の低下(ていか)には様々(さまざま)な原因(げんいん)がある。とりわけ、本(ほん)をほとんど読(よ)まない子供(こども)が増(ふ)えていることが問題視(もんだいし)されている。

아이들의 독해력 저하에는 다양한 원인이 있다. 특히 책을 거의 읽지 않는 어린이가 늘고 있다는 점이 문제시되고 있다.

② 私(わたし)は日本(にほん)のコンビニで売(う)られているデザートが大好(だいす)きだ。とりわけ、プリンに目(め)がない。

나는 일본의 편의점에서 팔고 있는 디저트를 아주 좋아한다. 특히 푸딩을 너무 좋아한다.

본문 

MP3 07-1

近年、IT技術の発展にともなって私たちの生活は大きく変わりました。スマホは電話のみならず、ゲームや決済、身分証明など多くのことができます。今ではスマホなしで生活するのは不可能なほどです。IT技術の中でも私がとりわけ気になるのはAIです。以前、人がAIと囲碁の対戦をしたというニュースを見ました。対戦で棋士が苦戦している様子が印象的でした。囲碁がそうであるように、一部の分野では既にAIが人間の能力を凌駕しています。将来自分の仕事をAIに奪われかねないと考える人もいるようで、最近ではAIをめぐって様々な議論が交わされています。人間はAIと共存することができるかどうか、世の中の動向に注目していきたいです。

본문 요약

◉ 본문의 핵심 내용을 요약해 봅시다.

1 近年、私たちの生活は ＿＿＿＿＿＿＿＿＿＿ 大きく変わりました。

2 一部の分野では既にAIが人間の能力を凌駕していて、＿＿＿＿＿＿＿＿＿＿ と考える人もいるようです。

3 ＿＿＿＿＿＿＿＿＿＿ 様々な議論が交わされていますが、世の中の動向に注目していきたいです。

MP3 07-2

받아쓰기

◉ 문장을 듣고 써 봅시다.

'気になるニュース'와 관련된 질문

◉ 작문을 하기 위한 쓸거리를 찾아봅시다.

1 最近気になるニュースは何ですか。

최근에 궁금한 뉴스는 무엇입니까?

2 なぜ、そのニュースが気になりますか。

왜 그 뉴스가 궁금합니까?

3 そのニュースとあなたの生活にはどんな関連がありますか。

그 뉴스와 당신의 생활과는 어떠한 관련이 있습니까?

4 そのニュースについて、あなたが知っていることは何ですか。

그 뉴스에 대해서 당신이 알고 있는 것은 무엇입니까?

5 そのニュースについて、あなたの意見や考えは何ですか。

그 뉴스에 대해서 당신의 의견이나 생각은 무엇입니까?

※ 작문 예시는 부록을 참고

‘気(き)になるニュース’와 관련된 작문 연습

◉ 질문에 대한 대답을 모아 문장을 작성해 봅시다.

第8課（だいはちか）

魅力を感じるブランドや企業

みりょく　かん　きぎょう

(매력을 느끼는 브랜드나 기업)

학습목표

매력을 느끼는 브랜드나 기업에 대해서 이야기할 수 있다.

워밍업

◉ 매력을 느끼는 브랜드나 기업에 대해서 작문하여 발표해 봅시다.

1 ________________ なら ________________ と決めています。

2 ______________ の ____________ は ______________ ので気に入っています。

3 ________________ は ________________ から魅力的な企業だと思います。

4 できれば ________________________ 職場で働きたいです。

5 ________________________________ いる企業を支持します。

예시문

1. ボールペンならA社の製品と決めています。
   볼펜이라면 A사 제품으로 정했습니다.
2. B社の化粧品は肌にやさしいので気に入っています。
   B사 화장품은 피부에 순하기 때문에 마음에 듭니다.
3. C社は独自の技術を持っているから魅力的な企業だと思います。
   C사는 독자 기술을 가지고 있기 때문에 매력적인 기업이라고 생각합니다.
4. できれば海外で仕事をするチャンスがある職場で働きたいです。
   가능하면 해외에서 일할 기회가 있는 직장에서 일하고 싶습니다.
5. 地域社会の発展に貢献している企業を支持します。
   지역 사회의 발전에 공헌하고 있는 기업을 지지합니다.

◉ 다음 (　　) 안에 들어갈 적당한 어휘를 고르세요.

1 注文(ちゅうもん)に応(おう)じて一(ひと)つ一(ひと)つ(丁寧(ていねい)に / 丁重(ていちょう)に)製作(せいさく)してくれます。

주문에 따라 하나하나 정성껏 제작해 줍니다.

2 病院(びょういん)に連(つ)れて行(い)って(取(と)り出(だ)す / 抜(ぬ)き出(だ)す)ことができた。

병원에 데리고 가서 꺼낼 수 있었다.

3 手術(しゅじゅつ)はしないで(済(す)んだ / 終(お)わった)ようです。

수술은 하지 않고 해결되었다고 합니다.

1) 丁寧(ていねい)는 말이나 행동이 예의 바르고 배려심이 있다는 것을 의미하며, 字(じ)を丁寧(ていねい)に書(か)く(글씨를 정성껏 쓰다)와 같이 동작 하나하나를 정성스럽게 하는 것을 나타낸다. 丁重(ていちょう)는 丁重(ていちょう)なもてなし(극진한 대접)와 같이 사람이나 물건에 대해 예의바르고 극진한 것을 나타낸다.

2) 取(と)り出(だ)す는 가방, 지갑이나 서랍 등에서 무엇인가를 꺼내는 것을 의미한다. 抜(ぬ)き出(だ)す는 '골라내다'는 뜻으로, 여러가지 중에서 특정한 것을 뽑아내어 다른 것과 비교할 때 사용한다.

3) 済(す)む는 '어떠한 일이 단순히 끝나다'라는 의미와 함께, 手術(しゅじゅつ)しないで済(す)んだ(다행히 수술하지 않고도 끝났다)와 같이 일이 잘 해결되었다는 의미로도 사용된다. 終(お)わる도 '끝나다'는 의미이지만, 잘 되거나 해결되었다는 의미는 갖지 않는다.

① 使(つか)ったハンカチを丁寧(ていねい)に畳(たた)んでポケットにしまった。

② 取引先(とりひきさき)から引(ひ)き抜(ぬ)きの打診(だしん)があったが、丁重(ていちょう)に断(ことわ)った。

③ イヤホンをケースから取(と)り出(だ)して耳(みみ)につけてください。

④ 台本(だいほん)の中(なか)から主人公(しゅじんこう)の台詞(せりふ)だけを抜(ぬ)き出(だ)してノートにまとめました。

⑤ 引(ひ)っ越(こ)し後(ご)、住所変更(じゅうしょへんこう)などの手続(てつづ)きはもう済(す)みましたか。

⑥ コートを買(か)いたいんですが、冬服(ふゆふく)のセールはもう終(お)わりましたか。

표현 · 문형 연습

◉ 다음 ( ) 안에 들어갈 적당한 표현 · 문형을 넣으세요.

보기 ところだった　ないで済(す)んだ　に応(おう)じて　ばかりか

1 注文(ちゅうもん)(　　　　　　　　　　)一(ひと)つ一(ひと)つ丁寧(ていねい)に製作(せいさく)してくれます。

주문에 따라 하나하나 정성껏 제작해 줍니다.

2 病院(びょういん)に連(つ)れて行(い)って取(と)り出(だ)すことができたので、手術(しゅじゅつ)はし(　　　　　　　　　　)ようです。

병원에 데리고 가서 꺼낼 수 있었기 때문에 수술은 하지 않고 해결되었다고 합니다.

3 もしも、少(すこ)し遅(おく)れていたら窒息(ちっそく)する(　　　　　　　　　　)そうです。

만약 조금이라도 늦었더라면 질식할 뻔했다고 합니다.

4 この会社(かいしゃ)の製品(せいひん)は機能的(きのうてき)な(　　　　　　　　　　)使(つか)う人(ひと)の気持(きも)ちを癒(いや)してくれます。

이 회사 제품은 기능적일 뿐만 아니라 사용하는 사람의 마음을 위로해 줍니다.

1 ～に応じて / ～に即して

'～に応じて'는 '~에 따라, ~에 맞게'라는 뜻으로, 명사에 접속한다. 参加人数に応じて対応する(참가 인원 수에 따라 대응한다)와 같이 앞의 상황에 따라 뒤의 일이 정해질 때 사용한다. 한편 '～に即して'는 '~에 입각하여'라는 뜻으로, 명사에 접속한다. 規定に即して(규정에 입각하여)와 같이 앞에는 어떤 일의 기준이 되는 사실이나 규범이 오며, 격식차린 표현이다.

① 台風の時は状況に応じて家に留まるか避難するかを判断してください。

② 当ホテルではカップルのご要望に応じて様々な挙式プランをご用意しております。

③ 裁判官は過去の判例に即して懲役３年の判決を下しました。

④ マニュアルに即して顧客からのクレームに対処しました。

2 ～ないで済む / ～ないでは済まない

'～ないで済む'는 '~하지 않고 지나갔다'라는 뜻으로, 앞의 일을 하지 않고 좋은 방향으로 잘 마무리되었을 때 주로 사용한다. 한편 '～ないでは済まない'는 앞의 일을 하지 않으면 안 된다, 즉 '반드시 해야 한다'는 뜻이다.

① 事前に予約をしておいたので、入店する時に並ばないで済みました。

② 日頃から少しずつ掃除をしておけば、年末の大掃除の時に苦労しないで済みます。

③ こんなにたくさん助けてもらって、お礼をしないでは済まない気持ちです。

④ 経験が浅いパイロットが起こした事故だからといって、処罰しないでは済みません。

3 ~ところだった / ~つもりだった

'~ところだった'는 '~할 뻔했다'라는 뜻으로, 동사 기본형에 접속한다. 실제로 일어나지 않은 일이어서 다행일 때 사용한다. 한편 '~つもりだった'는 '~하려고 했었다'라는 뜻으로, 말하는 사람이 의도를 가지고 있었지만 실제로는 그렇게 되지 않았을 때 사용한다.

① 泳いでいたら急に足がつって危うく溺れるところでした。

② スマホを見ながら歩いていたら後ろから車が来て轢かれるところでした。

③ 今日は早く起きるつもりだったのに、寝坊してしまいました。

④ スーパーで柔軟剤を買うつもりだったのに売り切れていました。

4 ~ばかりか / ~はおろか

'~ばかりか'는 '~뿐만 아니라'라는 뜻으로, 앞의 것보다 정도가 더욱 심한 것이 뒤에 오면서 も, まで 등이 많이 사용된다. 다만 권유, 명령, 희망, 의지의 내용이 뒤에 오는 일은 거의 없고, 이때는 '~ばかりでなく'를 사용할 수 있다(無料なのでジュースばかりでなくお酒も召し上がってください(무료이므로 주스뿐 아니라 술도 드세요). 한편 '~はおろか'는 '~은 커녕, ~은 물론'이라는 뜻으로, 漢字はおろかひらがなも書けない(한자는 커녕 히라가나도 못 쓴다)와 같이 주로 말하는 사람의 불만이나 놀람을 나타낼 때 사용한다.

① 両親ばかりか姉まで私の結婚に反対しました。

② 田中さんはイケメンなばかりか声も素敵なので女性にもてます。

③ 夫は味噌汁はおろか目玉焼きすら作れません。

④ クリスマスですが、一緒に過ごす彼女はおろか友達もいません。

❶ しかも

中でも、スマホ用のスピーカーは音質がいいので、気に入っています。しかも、木目が美しく、インテリアとしても楽しめます。

그중에서도 스마트폰용 스피커는 음질이 좋기 때문에 마음에 듭니다. 게다가 나뭇결이 예쁘고 인테리어로도 즐길 수 있습니다.

しかも는 앞에서 서술한 내용에 정보를 추가하는 접속사이다. 긍정적인 내용에 긍정적인 내용, 부정적인 내용에 부정적인 내용을 추가한다.

① 今日は快晴です。しかも、湿度が低いのでとても爽やかです。

오늘은 쾌청합니다. 게다가 습도가 낮기 때문에 매우 상쾌합니다.

② 顧客の個人情報が流出してしまった。しかも、半分以上にクレジットカードの情報が含まれていたため被害が続出した。

고객의 개인 정보가 유출되어 버렸다. 게다가 반 이상에 신용카드 정보가 포함되어 있었기 때문에 피해가 속출했다.

❷ もしも

もしも、少し遅れていたら窒息するところだったそうです。

만약 조금이라도 늦었더라면 질식할 뻔했다고 합니다.

もしも는 '만약에라도'라는 뜻으로, 어떤 상황이 발생할 조건을 가정할 때 사용된다.

① もしも、3ヶ月間無人島で暮らすとしたら、何を持って行きますか。

만약 3개월간 무인도에서 지낸다고 한다면 무엇을 가지고 갈 것입니까?

② もしも、実情を知っていたら、私はこの会社に入らなかっただろう。

만약 실정을 알고 있었다면 나는 이 회사에 들어오지 않았을 것이다.

본문 

MP3 08-1

私(わたし)は「トキノ木工(もっこう)」の木製(もくせい)雑貨(ざっか)を愛用(あいよう)しています。注文(ちゅうもん)に応(おう)じて一(ひと)つ一(ひと)つ丁寧(ていねい)に製作(せいさく)してくれます。中(なか)でも、スマホ用(よう)のスピーカーは音質(おんしつ)がいいので、気(き)に入(い)っています。しかも、木目(もくめ)が美(うつく)しく、インテリアとしても楽(たの)しめます。

この会社(かいしゃ)は「安心(あんしん)と笑顔(えがお)を届(とど)ける」という理念(りねん)を掲(かか)げています。社長(しゃちょう)の息子(むすこ)さんが幼(おさな)い頃(ころ)、ドミノの破片(はへん)を飲(の)み込(こ)んでしまいました。病院(びょういん)に連(つ)れて行(い)って取(と)り出(だ)すことができたので、手術(しゅじゅつ)はしないで済(す)んだようです。もしも、少(すこ)し遅(おく)れていたら窒息(ちっそく)するところだったそうです。これをきっかけに、安全(あんぜん)で安心(あんしん)な木製(もくせい)のおもちゃの開発(かいはつ)を始(はじ)めたといいます。この会社(かいしゃ)の製品(せいひん)は機能的(きのうてき)なばかりか使(つか)う人(ひと)の気持(きも)ちを癒(いや)してくれます。それは作(つく)り手(て)の思(おも)いやりが込(こ)められているからだと思(おも)います。

본문 요약

◉ 본문의 핵심 내용을 요약해 봅시다.

1 私(わたし)は__________という会社(かいしゃ)の__________が気(き)に入(い)っています。

2 この会社(かいしゃ)の理念(りねん)は「____________________」です。

3 この会社(かいしゃ)の製品(せいひん)は__________ばかりか__________くれます。

MP3 08-2

받아쓰기

◉ 문장을 듣고 써 봅시다.

'魅力を感じるブランドや企業'와 관련된 질문

◉ 작문을 하기 위한 쓸거리를 찾아봅시다.

1 どのブランドや企業に注目していますか。

어느 브랜드나 기업에 주목하고 있습니까?

2 その会社はどんな事業やサービスを行っていますか。

그 회사는 어떤 사업이나 서비스를 하고 있습니까?

3 何がきっかけでその会社に関心を持ちましたか。

무엇을 계기로 그 회사에 관심을 가졌습니까?

4 その会社のどんなところに魅力を感じていますか。

그 회사의 어떤 점에 매력을 느꼈습니까?

5 今後、その会社とどのように関わりを持っていくつもりですか。

앞으로 그 회사와 어떤 관계를 가질 생각입니까?

※ 작문 예시는 부록을 참고

'魅力を感じるブランドや企業'와 관련된 작문 연습

◉ 질문에 대한 대답을 모아 문장을 작성해 봅시다.

第9課

10年後の私

(10년 후의 나)

학습목표

10년 후의 나에 대해서 이야기할 수 있다.

워밍업

◉ 10년 후의 나에 대해서 작문하여 발표해 봅시다.

1 10年後(じゅうねんご)、私(わたし)は＿＿＿＿＿歳(さい)になります。

2 10年後(じゅうねんご)、＿＿＿＿＿＿＿＿＿＿＿＿＿＿＿＿＿＿＿＿ら、うれしいです。

3 10年後(じゅうねんご)、＿＿＿＿＿＿＿＿＿＿＿＿＿＿＿＿＿＿＿＿＿かもしれません。

4 10年後(じゅうねんご)も＿＿＿＿＿＿＿＿＿＿＿＿＿＿＿＿＿＿＿＿＿いると思(おも)います。

5 10年後(じゅうねんご)のために、まずは＿＿＿＿＿＿＿＿＿＿＿＿＿＿

＿＿＿＿＿＿＿＿＿たいです。

예시문

❶ 10年後(じゅうねんご)、私(わたし)は36歳(さんじゅうろくさい)になります。

10년 후 저는 36살이 됩니다.

❷ 10年後(じゅうねんご)、私(わたし)が開発(かいはつ)した製品(せいひん)が店(みせ)に並(なら)んでいたら、うれしいです。

10년 후 제가 개발한 상품이 가게에 진열되면 기쁠 것입니다.

❸ 10年後(じゅうねんご)、結婚(けっこん)して子供(こども)が産(う)まれているかもしれません。

10년 후 결혼하여 아이가 태어났을지도 모릅니다.

❹ 10年後(じゅうねんご)も趣味(しゅみ)のダンスは続(つづ)けていると思(おも)います。

10년 후도 취미로 하고 있는 댄스는 계속하고 있을 것입니다.

❺ 10年後(じゅうねんご)のために、まずはマーケティングの授業(じゅぎょう)でいい成績(せいせき)を取(と)りたいです。

10년 후를 위해 먼저 마케팅 수업에서 좋은 학점을 받고 싶습니다.

◉ 다음 (　　) 안에 들어갈 적당한 어휘를 고르세요.

1 コンピューターで何(なん)でもできることが(不思議(ふしぎ)で / おかしくて)ならなかったのを覚(おぼ)えています。

컴퓨터로 무엇이든지 할 수 있는 것이 정말 신기했던 기억이 있습니다.

2 授業(じゅぎょう)でSE(エスイー)という職業(しょくぎょう)を知(し)って(以来(いらい) / 以後(いご))、SE(エスイー)にずっと憧(あこが)れていました。 수업에서 SE라는 직업을 알고 난 이후 SE를 계속 동경해 왔습니다.

3 システムを開発(かいはつ)する会社(かいしゃ)(で働(はたら)いて / に勤(つと)めて)みたいです。

시스템을 개발하는 회사에서 일해 보고 싶습니다.

1) 不思議(ふしぎ)는 자신의 지식이나 이성으로는 이해할 수 없는 이상하고 불가사의한 것을 의미한다. おかしい는 우스꽝스럽거나 비정상적이라는 의미이다.
2) 以来(いらい)는 과거의 어떤 시점부터 현재까지의 기간을 나타낸다. 以後(いご)는 어떠한 시점부터 그 이후의 기간을 나타낸다.
3) 働(はたら)く는 夜遅(よるおそ)くまで働(はたら)く(밤늦게까지 일하다)나 コンビニで働(はたら)く(편의점에서 일하다)와 같이 어떠한 시간이나 장소에서 몸을 써서 일한다는 넓은 의미를 가진다. 勤(つと)める는 銀行(ぎんこう)に勤(つと)める(은행에 근무하다)와 같이 구체적인 장소에서 조직의 일원으로 정해진 일을 한다는 의미를 가진다.

① 牛乳(ぎゅうにゅう)を温(あたた)めて飲(の)むと、甘(あま)く感(かん)じるのが不思議(ふしぎ)です。

② 何(なに)も悪(わる)いことをしていないのに謝罪(しゃざい)するのはおかしいです。

③ 友人(ゆうじん)と3年前(さんねんまえ)にキャンプに行(い)って以来(いらい)、その魅力(みりょく)にはまってしまった。

④ 国際展示会以後(こくさいてんじかいいご)、ヨーロッパ全土(ぜんど)で注目(ちゅうもく)されるブランドになりました。

⑤ 工事現場(こうじげんば)で働(はたら)く人(ひと)は頭(あたま)を保護(ほご)するためにヘルメットを着用(ちゃくよう)します。

⑥ 地元(じもと)の郵便局(ゆうびんきょく)に勤(つと)める男性(だんせい)が、窃盗犯(せっとうはん)を捕(つか)まえて表彰(ひょうしょう)された。

표현 · 문형 연습

◉ 다음 (　) 안에 들어갈 적당한 표현 · 문형을 넣으세요.

ざるをえません　つつ　でならなかった　べく

1 プログラミングすればコンピューターで何でもできることが不思議(　　　　　　　　)のを覚えています。

프로그래밍하면 컴퓨터로 무엇이든지 할 수 있는 것이 정말 신기했던 기억이 있습니다.

2 私の祖母には障害があって、時々人の手を借り(　　　　　　　　)。

우리 할머니는 장애가 있으셔서 가끔 다른 사람 손을 빌리지 않을 수 없습니다.

3 支援者の負担を減らし(　　　　　　　　)、祖母のように障害を持つ方が安心して生活できるための環境作りをするのが私の夢です。

지원자의 부담을 줄이면서 할머니 같이 장애를 가진 분이 안심하고 생활할 수 있는 환경을 만드는 것이 나의 꿈입니다.

4 夢を実現させる(　　　　　　　　)新しいプログラミング言語も積極的に学んでいきたいです。

꿈을 실현하고자 새로운 프로그래밍 언어도 적극적으로 배우고 싶습니다.

1 ～てならない / ～てしょうがない

'～てならない'는 감정이나 감각 등이 참을 수 없어서 '너무 ~하다'는 뜻이다. 예를 들어 心配でならない(너무 걱정이 된다), うそに思えてならない(아무리 생각해도 거짓말인 것 같다)와 같이 사용할 수 있다. 유사한 표현인 '～てしょうがない'는 보다 구어체 표현으로, メガネが曇ってしょうがない(안경에 자꾸 김이 서려서 힘들다)와 같이 감정이나 감각이 아닌 경우에도 사용할 수 있다.

① 日本の代表チームが決勝戦で負けてしまって残念でなりません。

② 大学生の時は好きなことだけをしていたので毎日が楽しくてなりませんでした。

③ 春になって暖かい日が続くので眠くてしょうがないです。

④ 家事を全くしない夫に腹が立ってしょうがないです。

2 ～ざるをえない / ～しかない

'～ざるをえない'는 '~하지 않을 수 없다'는 뜻으로, 하고 싶지 않지만 어쩔 수 없이 할 때, 즉 심정적인 부분이 강조되는 표현이다. 동사 ない형에 접속하는데, する는 せざるをえない가 된다. 한편 '～しかない'는 '~할 수 밖에 없다'는 뜻으로, 다른 방법이 없다고 주장하거나 단정할 때 사용하는 표현이다.

① 家の事情で会社を辞めざるをえませんでした。

② 台風が接近しているのでイベントは中止せざるをえません。

③ 島国の日本へ行くには船か飛行機を使うしかありません。

④ 医師は緊急を要するので手術しかないと言いました。

3 ~つつ / ~ながら

'~つつ'는 '~하면서'라는 뜻으로, 두 가지 일을 동시에 할 때 사용하는데, 앞에는 주로 상태성을 가진 표현이 온다. '~ながら'는 '~つつ'보다 부드러운 표현으로 일상적인 동작을 표현할 때 주로 사용한다. 두 표현 모두 願いつつ(바라면서), 食べながら(먹으면서)처럼 동사 ます형에 접속하고, 중점을 두는 내용이 뒤에 온다.

① この旅館は富士山を眺めつつ露天風呂に入れるので人気です。

② 昼は会社で働きつつ、夜は大学で会計を学んでいます。

③ コーヒーを飲みながら友達とおしゃべりをしました。

④ 毎朝、音楽を聞きながらウォーキングをしています。

4 ~べく / ~ために

'~べく'는 '~하고자'라는 뜻의 목적을 나타내는 표현으로, 격식 차린 딱딱한 표현이다. 동사 기본형에 접속하는데 する는 すべく로 쓰이기도 한다. 유사한 표현인 '~ために'는 '~을 위해서'라는 뜻이다.

① 教育行政を改善すべく選挙への立候補を決意しました。

② 政府はCO_2の排出量を減らすべく企業に対して様々な支援をしています。

③ 就職のために色々な資格を取得しようと思います。

④ 皆さん、売り上げを伸ばすために頑張ってください。

実は

実は私の祖母には障害があって、時々人の手を借りざるをえません。

실은 우리 할머니는 장애가 있으셔서 가끔 다른 사람 손을 빌리지 않을 수 없습니다.

実は는 상대방이 잘 모르는 자신의 이야기를 꺼내거나 또는 어떤 대상의 실체를 밝힐 때 사용한다.

① 原稿はほぼ完成したと編集者に言ったが、実は、まだ書き始めてもいなかった。

원고는 거의 완성했다고 편집자에게 말했지만, 실은 아직 쓰기 시작하지도 않았다.

② 主人公の弟役に無名の俳優が抜擢された。実は、彼は監督の息子だった。

주인공의 남동생 역에 무명 배우가 발탁되었다. 실은 그는 감독의 아들이었다.

본문

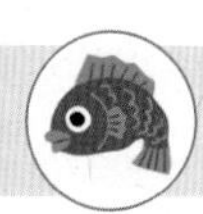

MP3 09-1

10年後、私は福祉支援システムを開発するSEとして活躍していたいです。中学生の時に授業でプログラミングを体験しました。プログラミングすればコンピューターで何でもできることが不思議でならなかったのを覚えています。この授業でSEという職業を知って以来、SEにずっと憧れていました。そして、今は大学でコンピューター工学を学んでいます。大学を卒業したら福祉支援システムを開発する会社で働いてみたいです。実は私の祖母には障害があって、時々人の手を借りざるをえません。支援者の負担を減らしつつ、祖母のように障害を持つ方が安心して生活できるための環境作りをするのが私の夢です。夢を実現させるべく新しいプログラミング言語も積極的に学んでいきたいです。

본문 요약

◉ 본문의 핵심 내용을 요약해 봅시다.

1. 中学生の時からSEに憧れていました。プログラミングをすれば何でもできるコンピューターが＿＿＿＿＿＿＿＿＿＿のを覚えています。
2. 支援者の負担を＿＿＿＿＿＿＿＿障害を持つ方が安心して生活できるようにしたいです。
3. 夢を＿＿＿＿＿＿＿＿＿＿新しいプログラミング言語も学んでいきたいです。

MP3 09-2

받아쓰기

◉ 문장을 듣고 써 봅시다.

‘10年後の私’와 관련된 질문

◉ 작문을 하기 위한 쓸거리를 찾아봅시다.

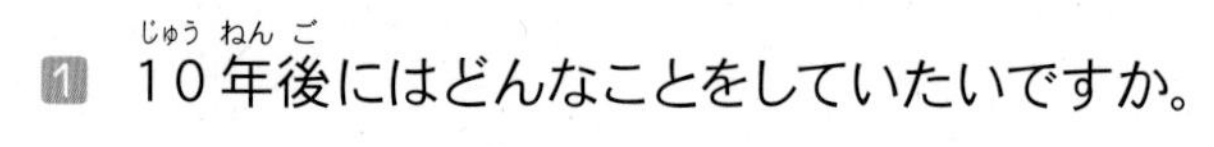

1 10年後(じゅうねんご)にはどんなことをしていたいですか。

10년 후에 어떤 일을 하고 싶습니까?

....

2 なぜ、1)のことをしたいですか。

왜 1)의 일을 하고 싶습니까?

....

3 1)と関連(かんれん)するエピソードはありますか。

1)과 관련된 에피소드가 있습니까?

....

4 1)と関連(かんれん)して、今(いま)はどんなことをしていますか。

1)과 관련하여 지금은 어떤 일을 하고 있습니까?

....

5 1)を叶(かな)えるために、これからどんなことを努力(どりょく)しようと思(おも)いますか。

1)을 이루기 위해서 앞으로 어떤 노력을 하려고 합니까?

....

※ 작문 예시는 부록을 참고

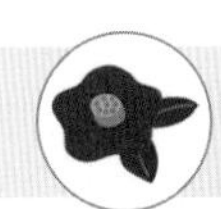

'10年後(じゅうねんご)の私(わたし)'와 관련된 작문 연습

◉ 질문에 대한 대답을 모아 문장을 작성해 봅시다.

だい じゅっ か
第10課

わたし
私のバケットリスト

(나의 버킷 리스트)

학습목표

나의 버킷 리스트에 대해서 이야기할 수 있다.

워밍업

◉ 나의 버킷 리스트에 대해서 작문하여 발표해 봅시다.

1 私(わたし)はバケットリストを書(か)いたことが ＿＿＿＿＿＿＿＿＿＿。

2 一度(いちど)でいいから ＿＿＿＿＿＿＿＿＿＿ 見(み)てみたいと思(おも)います。

3 一度(いちど) ＿＿＿＿＿＿＿＿＿＿ みようと思(おも)っています。

4 機会(きかい)があったら ＿＿＿＿＿＿＿＿＿＿ を食(た)べてみたいです。

5 もし、＿＿＿＿＿＿＿＿＿＿ ら幸(しあわ)せだと思(おも)います。

예시문

❶ 私(わたし)はバケットリストを書(か)いたことがあります。

저는 버킷 리스트를 쓴 적이 있습니다.

❷ 一度(いちど)でいいからフィギュアスケートを生(なま)で見(み)てみたいと思(おも)います。

한 번이라도 좋으니 피겨스케이팅을 직접 보고 싶습니다.

❸ 一度(いちど)裁判(さいばん)を傍聴(ぼうちょう)してみようと思(おも)っています。

한번 재판을 방청해 보려고 합니다.

❹ 機会(きかい)があったらスイスに行(い)ってチーズを食(た)べてみたいです。

기회가 된다면 스위스에 가서 치즈를 먹어 보고 싶습니다.

❺ もし、プレミアリーグの試合(しあい)を観戦(かんせん)しに行けたら幸(しあわ)せだと思(おも)います。

만약에 프리미어리그 시합을 관전하러 갈 수 있다면 행복할 것 같습니다.

◉ 다음 (　) 안에 들어갈 적당한 어휘를 고르세요.

1 この(広大/巨大)な湖は、雨期を除いて、真っ白な塩の砂漠のようになっています。

이 광대한 호수는 우기를 제외하고 새하얀 소금 사막같이 되어 있습니다.

2 私は雨が湖に(溜まり/集まり)、鏡のようになる時期に行くつもりです。 저는 빗물이 호수에 고여서 거울처럼 되는 시기에 갈 생각입니다.

3 飛行機を(乗り継いで/乗り換えて)30時間以上かかります。

비행기를 이어서 갈아타고 30시간 이상 걸립니다.

1) 広大는 주로 면적이 넓고 큰 것을 나타내고, 巨大는 물질의 크기와 규모가 매우 큰 것을 나타낸다.
2) 溜まる는 埃が溜まる(먼지가 쌓이다)나 ストレスが溜まる(스트레스가 쌓이다)와 같이 구체적인 사물이나 추상적인 것이 조금씩 모여 양이 많아지는 것을 의미한다. 또한 仕事が溜まる(일이 쌓이다)와 같이 사용하기도 한다. 集まる는 客が集まる(손님이 모이다)와 같이 주로 사람이나 동물 등에 많이 사용한다.
3) 乗り継ぐ는 주로 비행기나 배, 기차를 이용하여 장거리를 이동할 때, 이어서 타는 것을 나타낸다. 乗り換える는 대개 버스나 기차를 환승하는 것을 나타낸다.

① 広大な宇宙のどこかに地球と同じような星があるかもしれない。

② 巨大な岩が妨げになり、トンネル工事は3年遅れてしまった。

③ 受信メールがたくさん溜まって、空き容量がなくなってしまった。

④ 幹から出た樹液の周りにいろいろな昆虫が集まっている。

⑤ 東京から夜行列車に乗り、在来線を乗り継いで、翌日広島に到着した。

⑥ 次の駅で降りて、美術館行きのバスに乗り換えてください。

◉ 다음 (　) 안에 들어갈 적당한 표현 · 문형을 넣으세요.

보기 ないことはない　がゆえに　次第(しだい)　を除(のぞ)いて

1 この広大(こうだい)な湖(みずうみ)は、雨期(うき)(　　　　　　　)、真(ま)っ白(しろ)な塩(しお)の砂漠(さばく)のようになっています。

이 광대한 호수는 우기를 제외하고 새하얀 소금 사막같이 되어 있습니다.

2 様々(さまざま)な気象条件(きしょうじょうけん)が整(ととの)わなければ見(み)られない光景(こうけい)である(　　　　　　　)、憧(あこが)れが募(つの)ります。

다양한 기상 조건이 갖춰지지 않으면 볼 수 없는 광경이기 때문에 더욱 동경하게 됩니다.

3 結構(けっこう)な費用(ひよう)と時間(じかん)がかかりますが、行(い)け(　　　　　　　)と思(おも)います。

상당한 비용과 시간이 들지만, 갈 수 없는 것은 아니라고 생각합니다.

4 旅費(りょひ)が貯(た)まり(　　　　　　　)、休(やす)みを取(と)って旅(たび)に出(で)るつもりです。

여비가 모이는 대로 휴가를 받아서 여행을 떠날 생각입니다.

❶ ～を除いて / ～以外に

'～を除いて'는 '～을 제외하고'라는 뜻으로, 表紙を除いてページ番号を挿入する(표지를 제외하고 페이지 번호를 삽입한다)와 같이 그룹 안에서 일부를 제외하는 경우 사용한다. 유사한 표현인 '～以外に'는 '어떤 범위를 벗어난 것'이라는 뜻으로, 契約者以外駐車禁止(계약자 이외 주차금지)와 같이 사용할 수 있다.

① そのレストランは年末年始を除いて、毎日営業しています。

② シンポジウムの登壇者は司会者を除いて６人でした。

③ この畑では大根や白菜以外にとうもろこしも育てています。

④ その会議には加盟国以外に韓国や日本も参加しました。

❷ ～(が)ゆえに / ～から

'～(が)ゆえに'는 원인이나 이유를 나타내는 표현으로 문장체 표현이다. 명사 및 な형용사 어간+である, い형용사 및 동사의 보통형에 접속한다. 유사한 표현인 '～から'는 구어체 표현이다.

① 日本は資源が乏しいゆえに他国からの輸入に頼らざるを得ません。

② この作業は危険であるがゆえに細心の注意が必要です。

③ 購入した土地が狭いから大きな家は建てられません。

④ 安物のパソコンだからあまり性能がよくありません。

표현 · 문형 연습

3 ～ないことはない / ～とは限らない

'～ないことはない'는 이중 부정으로 '~하지 않는 것은 아니다' 즉 '할 수 있다'는 가능성을 나타내고, 약한 긍정 표현이다. 行けないことはない(갈 수 없는 것은 아니다)와 같이 가능형이 앞에 올 수도 있다. 한편 '～とは限らない'는 '~라고는 할 수 없다' 즉 '예외가 있다'는 뜻이다. 必ず来るとは限らない(반드시 온다고는 할 수 없다)와 같이 동사 기본형에 접속한다.

① 歌は上手ではありませんが、友達とカラオケに行けば歌わないことはないです。

② 長年日本に住んでいるので、漢字が読めないことはないです。

③ 事故に遭わないとは限らないので旅行保険に入っておきましょう。

④ 日本人だからといって納豆が好きだとは限りません。

4 ～次第 / ～まま

'～次第'는 동사 ます형에 접속하여 '~하는 대로, ~하자마자'라는 뜻으로, 뒤에는 주로 의지를 나타내는 표현이 온다. '～まま'는 동사 た형에 접속하여 '~한 채로 그대로(내버려 두다)'라는 뜻이다.

① 参加者が席に着き次第、開会式を始めます。

② コートのクリーニングが終わり次第、ご連絡を差し上げます。

③ 酔っ払ってテレビをつけたまま寝てしまいました。

④ 火災は鍋を火にかけたまま外出したことが原因でした。

❶ 実に

水面に天空全体が写り、実に神秘的だそうです。

수면에 하늘 전체가 비쳐서 정말로 신비스럽다고 합니다.

実には 이상할 만큼 눈에 띄거나 예외적인 경우, 놀랄만하다는 것을 강조할 때 사용한다. 유사한 표현으로 本当に, まことにが 있다.

① 考えてみると、私は実に多くの人々に助けられてきた。
생각해 보면, 나는 정말 많은 사람들에게 도움을 받아 왔다.

② 小学生の子供たちと話していると、実におもしろいアイデアが次々と生まれる。
초등학생 아이들과 이야기를 하고 있으면 정말 재미있는 아이디어가 계속 나온다.

❷ 絶対に

絶対にこの目で見たいです。

꼭 이 두 눈으로 보고 싶습니다.

絶対には '꼭, 틀림없이'라는 뜻으로, 강하게 바라는 희망을 나타내거나 반드시 그렇게 된다고 판단할 때 사용한다.

① 今回は一問間違えてしまったが、次の試験では絶対に満点を取ってみせる。
이번에는 한 문제 틀려 버렸지만, 다음 시험에서는 반드시 만점을 받을 것이다.

② ここで見たり聞いたりしたことは絶対に口外しないでください。
여기에서 보거나 들은 것은 절대로 발설하지 마세요.

본문 

MP3 10-1

私(わたし)は南米(なんべい)のボリビアにあるウユニ塩湖(えんこ)に行(い)ってみたいです。この広大(こうだい)な湖(みずうみ)は、雨期(うき)を除(のぞ)いて、真(ま)っ白(しろ)な塩(しお)の砂漠(さばく)のようになっています。私(わたし)は雨(あめ)が湖(みずうみ)に溜(た)まり、鏡(かがみ)のようになる時期(じき)に行(い)くつもりです。水面(すいめん)に天空(てんくう)全体(ぜんたい)が写(うつ)り、実(じつ)に神秘的(しんぴてき)だそうです。様々(さまざま)な気象条件(きしょうじょうけん)が整(ととの)わなければ見(み)られない光景(こうけい)であるがゆえに、憧(あこが)れが募(つの)ります。絶対(ぜったい)にこの目(め)で見(み)たいです。ウユニ塩湖(えんこ)は地球(ちきゅう)の裏側(うらがわ)にあり、飛行機(ひこうき)を乗(の)り継(つ)いで30時間以上(さんじゅうじかんいじょう)かかります。結構(けっこう)な費用(ひよう)と時間(じかん)がかかりますが、行(い)けないことはないと思(おも)います。既(すで)に貯金(ちょきん)を始(はじ)めています。旅費(りょひ)が貯(た)まり次第(しだい)、休(やす)みを取(と)って旅(たび)に出(で)るつもりです。奇跡(きせき)の光景(こうけい)に包(つつ)まれることを想像(そうぞう)して、今(いま)からわくわくしています。

본문 요약

◉ 본문의 핵심 내용을 요약해 봅시다.

1 ウユニ塩湖(えんこ)は雨期(うき)になると＿＿＿＿＿＿＿＿＿＿＿＿＿＿＿＿そうです。

2 ＿＿＿＿＿＿＿＿＿＿＿＿＿＿＿＿ので憧(あこが)れています。

3 ＿＿＿＿＿＿＿＿次第(しだい)、＿＿＿＿＿＿＿＿うと思(おも)っています。

MP3 10-2

받아쓰기

◉ 문장을 듣고 써 봅시다.

'私(わたし)のバケットリスト'와 관련된 질문

◉ 작문을 하기 위한 쓸거리를 찾아봅시다.

1 バケットリストの項目(こうもく)を一(ひと)つ教(おし)えてください。

버킷 리스트의 항목을 하나 알려 주세요.

2 それをしたいと思(おも)ったきっかけは何(なん)ですか。

그것을 하고 싶다고 생각한 계기는 무엇입니까?

3 それをすることで、何(なに)が得(え)られると思(おも)いますか。

그것을 함으로써 무엇을 얻을 수 있다고 생각합니까?

4 バケットリストにその項目(こうもく)を加(くわ)えることで、現在(げんざい)の生活(せいかつ)にどんな影響(えいきょう)がありましたか。

버킷 리스트에 그 항목을 추가함으로써 현재 생활에 어떤 영향이 있었습니까?

5 それを実現(じつげん)するためにどんなことをするつもりですか。

그것을 실현하기 위해서 어떤 것을 할 생각입니까?

※ 작문 예시는 부록을 참고

‘私(わたし)のバケットリスト’와 관련된 작문 연습

◉ 질문에 대한 대답을 모아 문장을 작성해 봅시다.

だい じゅういっ か
第11課

い らい
依頼のメール

(의뢰 메일)

· 학습목표 ·

의뢰 메일을 쓸 수 있다.

워밍업 

◉ 의뢰 메일에 사용하는 표현을 작문하여 발표해 봅시다.

1 ________________________ください。

2 ________さん、________________________くれませんか。

3 すみません、________________________

もらえませんか。

4 先輩(せんぱい)、________________________

いただけませんか。

5 先生(せんせい)、________________________いただきたい

のですが、可能(かのう)でしょうか。

예시문

❶ もう少(すこ)し待(ま)ってください。

조금 더 기다려 주세요.

❷ 金(キム)さん、プレゼンの資料(しりょう)を来週(らいしゅう)までに作(つく)ってくれませんか。

김○○ 씨, 프레젠테이션 자료를 다음주까지 만들어 주시겠습니까?

❸ すみません、ペンを忘(わす)れちゃったんですが、貸(か)してもらえませんか。

죄송합니다, 펜을 잃어버렸는데, 빌려주실 수 있나요?

❹ 先輩(せんぱい)、就活(しゅうかつ)について相談(そうだん)に乗(の)っていただけませんか。

선배, 취업 활동에 대해서 상담해 주실 수 있을까요?

❺ 先生(せんせい)、日本語(にほんご)の翻訳(ほんやく)をチェックしていただきたいのですが、可能(かのう)でしょうか。

선생님, 일본어 번역을 체크받고 싶습니다만, 가능할지요?

◉ 다음 (　　) 안에 들어갈 적당한 어휘를 고르세요.

1 Bという大学が(新たに / 新しく)交換留学生を募集しているそうです。B라는 대학이 새로이 교환 유학생을 모집하고 있다고 합니다.

2 応募には学業計画書をはじめ指導(教官 / 先生)の推薦書が必要です。지원에는 학업 계획서를 비롯해 지도교수의 추천서가 필요합니다.

3 JLPT合格はもちろん取得(単位 / 学点)数など応募に必要な条件は全て満たしています。

JLPT 합격은 물론 취득 학점 수 등 지원에 필요한 조건은 모두 갖추었습니다.

1) 新たは焼けた家を新たに建てる(불에 탄 집을 새로 짓는다)와 같이 이전의 것을 염두에 두고 그것과는 다른 모습으로 새로 시작하는 것을 의미한다. 新しいは新しく家を建てる(새로 집을 짓다)와 같이 단순히 새로운 것을 의미할 때 사용한다.
2) 教官은 대학이나 연구소 등에서 교육이나 연구에 종사하는 사람을 의미한다. 先生는 다른 사람을 지도하는 사람을 널리 가리키는 말로 의사나 변호사 등을 가리킬 때도 사용하며 경의를 포함하고 있다.
3) 単位는 고등학교나 대학교에서 진급이나 졸업에 필요한 학점을 의미한다. 한국에서와 같이 学点이라고는 사용하지 않으므로 주의해야 한다.

① 警察の捜査により、新たな事実が明らかになった。

② 中高生の間で使われている新しい言葉を調査している。

③ 父は航空大学校で操縦士の教官をしている。

④ 島の小さな病院には産婦人科の先生がいませんでした。

⑤ 弟は４年生の２学期に必須の単位を落として、留年することになった。

⑥ ４年制大学の卒業には１２４単位以上が必要です。

표현 · 문형 연습

◉ 다음 (　) 안에 들어갈 적당한 표현 · 문형을 넣으세요.

보기　とたんに　はもちろん　ものの　をはじめ

1 第１志望だったA大学は来年度、留学生を受け入れないことにした(　　　　　　)、Bという大学が新たに交換留学生を募集しているそうです。

제 1지망이었던 A대학은 내년에 유학생을 받지 않기로 했지만, B라는 대학이 새로이 교환 유학생을 모집하고 있다고 합니다.

2 応募には学業計画書(　　　　　　)指導教官の推薦書が必要です。

지원에는 학업 계획서를 비롯해 지도교수의 추천서가 필요합니다.

3 JLPT合格(　　　　　　)取得単位数など応募に必要な条件は全て満たしています。

JLPT 합격은 물론 취득 학점 수 등 지원에 필요한 조건은 모두 갖추었습니다.

4 先生の仕事が忙しくなる２学期が始まった(　　　　　　)お願いをして恐縮ですが、何卒よろしくお願いします。

선생님의 일이 바빠지는 2학기가 시작되자마자 부탁을 드려 죄송하지만, 아무쪼록 잘 부탁드립니다.

❶ ～ものの / ～とはいえ

'～ものの'는 '~라고는 하지만'이란 뜻으로, 「できます」と言い張ったものの、実は自信がない('할 수 있습니다'라고 큰소리쳤지만 사실은 자신이 없다)와 같이 앞의 내용과는 다른 것이 뒤에 오는 문어체 역접 표현이다. 유사한 표현인 '～とはいえ'는 '~라고는 해도'라는 뜻으로, 大学生とはいえ、まだ３月なので高校生のようだ(대학생이라고는 해도 아직 3월이므로 고등학생 같다)와 같이 앞의 내용은 인정하지만 이것과 다른 점이 있을 때 설명하는 표현이다.

① ダイエット器具を買ったものの、結局、一度も使いませんでした。

② 「俺に任せろ」と言ったものの、解決策が見つからず途方に暮れました。

③ 文法が似ているとはいえ、理解が難しい表現も多くあります。

④ 特売品とはいえ、こんなにたくさん買っては予算オーバーです。

❷ ～をはじめ / ～を含め

'～をはじめ'는 '~을 비롯하여'라는 뜻으로, 父をはじめ家族みんな(아버지를 비롯하여 가족 모두)와 같이 그룹에서 대표되는 것을 앞에서 언급할 때 사용한다. '～を含め'는 '~을 포함하여'라는 뜻으로, 子供たちを含め９人です(아이들을 포함하여 9명입니다)와 같이 필요한 것을 일부 언급할 때 사용한다.

① 田中部長をはじめ取引先の方々には大変お世話になりました。

② 現在、福岡県をはじめ九州地方の多くの地域で大雨警報が出ています。

③ 契約には仲介手数料や敷金などを含め３５万円くらい必要です。

④ 日本入国時には日本人を含め全ての人が税関申告書を提出しなければなりません。

❸ ~はもちろん / ~もさることながら

'~はもちろん'은 '~은 당연하고'라는 뜻으로, 앞의 것은 물론이고 뒤의 것도 해당된다는 의미이다. 이때 뒤에 오는 표현에는 '~も'나 '~まで'가 사용된다. 유사한 표현인 '~もさることながら'는 '앞의 것은 말할 것도 없이'라는 뜻의 문어체 표현으로, 뒤에 오는 것을 화제로 삼을 때 사용한다.

① この化粧水は女性はもちろん男性の方にもおすすめです。

② ガス料金や電気料金はもちろん水道料金まで値上がりしました。

③ 予算不足もさることながら人手が足りないことも問題です。

④ この画家の作品は構図もさることながら色使いが独特で素晴らしいです。

❹ ~とたんに / ~や否や

'~とたんに'는 '~하자마자'라는 뜻으로, 동사 た형에 접속한다. 뒤에는 내용상 앞의 일과 관련은 있지만, 예상하지 못했던 변화가 일어났다는 것을 표현한다. 한편 '~や否や'는 '~하자마자'라는 뜻으로, 앞의 일과 관련 있는 것이 직후에 일어났다는 것을 표현한다. 다만 앞에는 동사 기본형이 온다. '~とたんに'와 '~や否や' 모두 뒤 문장에는 말하는 사람의 의지를 나타내는 표현은 올 수 없다.

① 彼女は私がその話をしたとたんに泣き始めました。

② 椅子から立ち上がったとたんに目眩に襲われました。

③ 家に着くや否や、ベッドに倒れてそのまま眠ってしまいました。

④ 一つの仕事が終わるや否や、上司に次の仕事を頼まれるので家に帰れません。

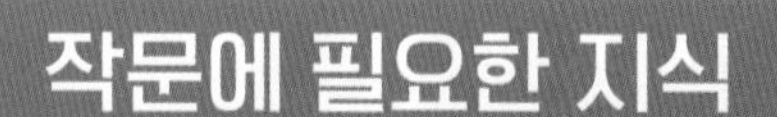

メールの構成(こうせい)

〈件名(けんめい)〉	～の件(けん)、～のご相談(そうだん)、～のお願(ねが)い
제목	～의 건, ～의 상담, ～부탁
〈宛名(あてな)〉	○○先生(せんせい)、○○様(さま)
받는 사람	○○ 선생님, ○○ 님
〈挨拶文(あいさつぶん)〉	こんにちは / お世話(せわ)になっております
인사말	안녕하세요 / 신세를 많이 지고 있습니다
〈名乗(なの)る〉	○○学部(がくぶ)○○学科(がっか)○○です
자기소개	○○학부 ○○학과 ○○입니다
〈本文(ほんぶん)〉	実(じつ)は～の件(けん)でご連絡(れんらく)いたしました
본문	실은 ～건으로 연락드렸습니다
〈締(し)めくくりの挨拶(あいさつ)〉	～よろしくお願(ねが)いいたします
마무리 인사	～잘 부탁드립니다
〈連絡先(れんらくさき)〉	
연락처	

메일을 보낼 때는 보통 다음과 같은 순서로 작성한다. 제목 → 받는 사람 → 인사말 → 자기소개 → 본론 → 마무리 인사 → 연락처의 순으로 작성한다. 비즈니스 메일에서는 인사할 때 こんにちは(안녕하세요)가 아니라, 관례상 お世話(せわ)になっております(신세 많이 지고 있습니다)라고 써야 한다.

본문 

MP3 11-1

〈件名〉推薦書作成のお願い

〈宛名〉吉田先生

〈本文〉吉田先生、こんにちは。残暑が厳しいですが、いかがお過ごしですか。実は先生にお願いがあってご連絡を差し上げました。交換留学制度の件ですが、第１志望だったA大学は来年度、留学生を受け入れないことにしたものの、Bという大学が新たに交換留学生を募集しているそうです。どうしても日本に留学してみたいので、B大学の交換留学制度に応募しようと思います。応募には学業計画書をはじめ指導教官の推薦書が必要です。それで先生に推薦書を書いていただきたいのですが、可能でしょうか。JLPT合格はもちろん取得単位数など応募に必要な条件は全て満たしています。先生の仕事が忙しくなる2学期が始まったとたんにお願いをして恐縮ですが、何卒よろしくお願いします。

〈連絡先〉携帯：010−XXXX−XXXX, mail：abc@XXXX.com

본문 요약

◉ 본문의 핵심 내용을 요약해 봅시다.

1. 来年度、A大学は留学生を受け入れない＿＿＿＿＿＿、Bという大学が新たに交換留学生を募集しているので、応募しようと思います。

2. 交換留学制度への応募には学業計画書＿＿＿＿＿＿指導教官の推薦書が必要です。

3. 先生の仕事が忙しくなる２学期が＿＿＿＿＿＿お願いをして恐縮ですが、推薦書をお願いします。

MP3 11-2

받아쓰기

◉ 문장을 듣고 써 봅시다.

‘依頼(いらい)のメール’와 관련된 질문

◉ 작문을 하기 위한 쓸거리를 찾아봅시다.

1 今(いま)、先生(せんせい)にお願(ねが)いしたいことがありますか。

지금 선생님께 부탁하고 싶은 일이 있습니까?

2 なぜ、1)をお願(ねが)いしようと思(おも)いますか。

왜 1)을 부탁드리려고 합니까?

3 1)にはどのような事情(じじょう)や要件(ようけん)がありますか。

1)에는 어떤 사정이나 요건이 있습니까?

4 先生(せんせい)にお願(ねが)いする前(まえ)に自分(じぶん)がしなければならないことは何(なん)ですか。

선생님께 부탁드리기 전에 자신이 하지 않으면 안 되는 일은 무엇입니까?

5 先生(せんせい)は現在(げんざい)、どのような状況(じょうきょう)だと予想(よそう)されますか。そのような状況(じょうきょう)でお願(ねが)いする時(とき)は、どのような心情(しんじょう)になりますか。

선생님은 현재 어떤 상황이라고 예상됩니까? 그런 상황에 부탁할 때는 어떤 심정입니까?

※ 작문 예시는 부록을 참고

‘依頼(いらい)のメール’와 관련된 작문 연습

◉ 질문에 대한 대답을 모아 문장을 작성해 봅시다.

第12課

お礼の手紙

(감사 편지)

학습목표

감사하는 편지를 쓸 수 있다.

워밍업

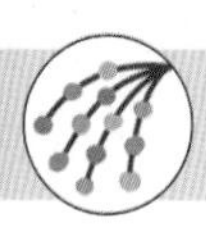

◉ 편지에 사용하는 계절 인사를 작문하여 발표해 봅시다.

1 ＿＿＿＿＿＿に＿＿＿＿＿＿の訪れを感じる頃となりました。いかがお過ごしですか。

2 ＿＿＿＿＿＿＿＿＿＿＿＿が続いていますが、お元気でいらっしゃいますか。

3 ＿＿＿＿＿＿が＿＿＿＿＿＿季節となりました。

4 ＿＿＿＿＿＿＿＿＿＿＿＿今日この頃ですが、お変わりありませんか。

5 ＿＿＿＿＿＿＿＿＿＿＿＿、お忙しい毎日をお過ごしのことと存じます。

예시문

1. 温かい日差しに春の訪れを感じる頃となりました。いかがお過ごしですか。
   따뜻한 햇살로 봄이 오는 것을 느낄 수 있게 되었습니다. 어떻게 지내시는지요?
2. 厳しい暑さが続いていますが、お元気でいらっしゃいますか。
   무더위가 계속되고 있습니다만, 건강하게 잘 지내시는지요?
3. イチョウ並木が黄金色に染まる季節となりました。
   은행나무가 황금색으로 물드는 계절이 되었습니다.
4. 朝晩は肌寒さを感じる今日この頃ですが、お変わりありませんか。
   아침저녁은 쌀쌀한 요즈음입니다만, 별일 없으시지요?
5. 学期末を迎え、お忙しい毎日をお過ごしのことと存じます。
   학기 말을 맞아서 바쁜 나날을 보내고 계시리라고 생각합니다.

◉ 다음 (　　) 안에 들어갈 적당한 어휘를 고르세요.

1 今日はお礼とご報告を兼ねて(お便り / 消息)をさしあげました。

오늘은 감사 인사와 보고를 겸해서 편지를 드립니다.

2 日本での生活にも少しずつ(慣れて / 馴れて)きました。

일본에서의 생활에도 조금씩 익숙해지고 있습니다.

3 (どうぞ / どうか)お体を大事になさってください。

부디 건강에 유의하시기 바랍니다.

1) お便りは 근황이나 어떠한 정보를 전달하는 편지, 소식 등을 말한다. 消息는 상황이나 용건을 알리는 것을 의미하며 消息不明(행방불명)와 같이 안부가 확인 가능한 상황을 나타내기도 한다.

2) 慣れる는 어떤 상황이나 물건에 익숙해지거나 적응하는 것을 의미한다. 馴れる는 '친숙하다'는 뜻으로, この犬は人に馴れている(이 개는 사람을 잘 따른다)와 같이 동물이 사람에 대해 경계심 없이 대한다는 의미로도 사용한다.

3) どうぞ는 どうぞお召し上がりください(어서 드세요)와 같이 상대방에게 무엇인가를 권하거나 부탁할 때 사용한다. どうか는 곤란한 상황이라는 것을 알지만 간절히 부탁할 때 사용한다.

① 半年前にアメリカに渡った彼から、まだ何の便りもない。

② 半年前にアメリカに渡った彼の消息は、まだつかめない。

③ 日本は右ハンドルなので初めは戸惑ったが、１日運転したら慣れてしまった。

④ 野良猫に時々餌をあげていたら、私に馴れて家までついてきた。

⑤ お替わり自由ですから、どうぞ遠慮なく召し上がってください。

⑥ まだ正式に発表されていないので、この話はどうか内密にお願いします。

표현 · 문형 연습

◉ 다음 (　　) 안에 들어갈 적당한 표현 · 문형을 넣으세요.

보기	すら	ながら	にて	を兼(か)ねて

1 今日(きょう)はお礼(れい)とご報告(ほうこく) (　　　　　　　　)お便(たよ)りをさしあげました。

오늘은 감사 인사와 보고를 겸해서 편지를 드립니다.

2 来月(らいげつ)、東京(とうきょう)で開催(かいさい)される学会(がっかい)(　　　　　　　　)、研究(けんきゅう)報告(ほうこく)をすることになりました。

다음달에 도쿄에서 개최되는 학회에서 연구 보고를 하게 되었습니다.

3 未熟(みじゅく)(　　　　　　　　)全(すべ)て日本語(にほんご)でプレゼンします。

미숙하지만 전부 일본어로 프레젠테이션을 합니다.

4 ひらがな(　　　　　　　　)読(よ)めなかった私(わたし)が日本語(にほんご)をマスターできたのは、先生(せんせい)のご指導(しどう)のおかげです。

히라가나조차 읽을 수 없었던 제가 일본어를 마스터할 수 있었던 것은 선생님께서 지도해 주신 덕분입니다.

1 ～を兼ねて / ～(の)ついでに

'～を兼ねて'는 앞의 일을 할 겸 뒤에 오는 일을 한다는 뜻으로, 주된 일은 뒤에 온다. 한편 '～(の)ついでに'는 앞의 일을 할 때 같이 할 수 있는 뒤의 일도 한다는 뜻으로, 주된 일은 앞에 온다. ついでに는 동사 기본형 및 과거형에 접속할 수도 있다.

① 日本語の勉強を兼ねて、毎日、日本のドラマを見ています。

② 気分転換を兼ねて、ちょっと散歩にでも行きませんか。

③ ソウル出張のついでに、空き時間を利用して景福宮を観光しました。

④ 郵便局へ荷物を出しに行ったついでに、ATMでお金を下ろしました。

2 ～にて / ～で

'～にて'와 '～で'는 '~에서'라는 뜻으로, 장소를 나타내는 표현에 접속하는데, '～にて'가 보다 격식차린 딱딱한 표현이다.

① フォーラムは1階の大講堂にて開かれます。

② 仁川空港の到着出口Bにてお待ちしております。

③ 公園でござを敷いてお弁当を食べました。

④ 若者たちが浜辺で花火を打ち上げています。

3 ~ながら(も) / ~けれど(も)

'~ながら'는 '~인데도, ~하지만'이라는 뜻으로, '~ながらも'는 좀 더 격식차린 표현이다. 앞에는 상태동사, '~ている', 형용사, 명사 등이 오며, 앞의 일에서 예상되는 것과 실제가 다를 때 쓰는 표현이다. 한편 '~けれど'는 앞의 일과 상반되는 내용을 뒤에 가져와서, 대비하여 표현하거나 전제를 언급할 때 사용할 수 있다. 앞에는 동사, 형용사가 주로 오며 '~けれども'는 좀 더 격식차린 표현이고, '~けど'는 좀 더 가벼운 표현이다.

① 食べたら太ると分かっていながら、ついつい甘い物を食べてしまいます。

② 小さい学校ながら、この学校の教育理念は全国的に注目を集めています。

③ この部屋は狭いけれど、日当たりがいいので気に入っています。

④ 車は散らかっているけど、よかったら家まで送っていこうか。

4 ~すら / ~さえ

'~すら'는 '(다른 것은 물론이고) ~조차'라는 뜻으로, 극단적인 것을 예로 들 때 사용하는 표현이다. 주격이나 명사를 부사적으로 사용할 때는 専門家ですら(전문가조차도), 家ですら(집에서 조차도)와 같이 '~ですら'가 되는 경우가 많다. '~さえ'도 유사하며 보다 구어체 표현이고, 주격이나 명사를 부사적으로 사용할 때 '~でさえ'가 되는 경우도 많다.

① 試験に合格できたかどうか不安で水すら喉を通りません。

② クリスさんは日本人ですら読めない漢字をすらすらと読みます。

③ 私は目玉焼きさえ満足に作れないほど料理が下手です。

④ その政治家は小学生でさえおかしいと分かる発言をして問題になりました。

❶ これからも

先生への感謝を胸に、これからも努力していきたいと思っております。

선생님께 감사하는 마음을 가지고 앞으로도 노력하려고 합니다.

これからも는 지금을 시점으로 앞으로도 계속 어떤 일이 지속되기를 바라는 상황에 사용한다.

① 砂浜のゴミ拾いを始めて１０年になる。これからもこの活動を続けていきたい。

모래사장의 쓰레기 줍기를 시작한 지 10년이 된다. 앞으로도 이 활동을 계속해 나가고 싶다.

② 近年、テクノロジーは目覚ましい発展を見せている。これからも、新しい技術が生まれてくるだろう。

최근에 테크놀로지는 눈부신 발전을 보이고 있다. 앞으로도 새로운 기술이 생겨날 것이다.

❷ また

どうぞお体を大事になさってください。また、ご連絡いたします。

부디 건강에 유의하시기 바랍니다. 또 연락드리겠습니다.

また는 내용을 추가하는 접속사인 한편, 부사로서 もう一度, 後で, 再び와 같은 의미로도 사용된다.

① 何か不備な点がございましたら、また、お電話ください。

뭔가 부족한 점이 있다면 다시 전화 주세요.

② 先週の企業説明会に行ってきました。今週もまた行こうと思います。

지난 주 기업설명회에 다녀왔습니다. 이번 주도 또 가려고 합니다.

본문 

MP3 12-1

拝啓

新緑が美しい季節となりました。

山口先生、大変ご無沙汰しております。お元気でお過ごしでしょうか。今日はお礼とご報告を兼ねてお便りをさしあげました。早いもので、大学院に入ってから半年が過ぎ、日本での生活にも少しずつ慣れてきました。来月、東京で開催される学会にて、研究報告をすることになりました。未熟ながら全て日本語でプレゼンします。ひらがなすら読めなかった私が日本語をマスターできたのは、先生のご指導のおかげです。本当にありがとうございました。

先生への感謝を胸に、これからも努力していきたいと思っております。毎日お忙しいことと存じます。どうぞお体を大事になさってください。また、ご連絡いたします。

敬具

20△△年5月20日　　キム・ミンス

山口将人先生

본문 요약

◉ 본문의 핵심 내용을 요약해 봅시다.

1. 山口先生に＿＿＿＿＿と＿＿＿＿＿をするために手紙を書きました。
2. ＿＿＿＿＿＿＿で、＿＿＿＿＿＿＿ことになりました。
3. ＿＿＿＿＿さえ読めませんでしたが、＿＿＿＿＿＿のおかげで、＿＿＿＿＿＿＿＿＿＿ことができました。

MP3 12-2

받아쓰기

◉ 문장을 듣고 써 봅시다.

‘お礼の手紙’와 관련된 질문

◉ 작문을 하기 위한 쓸거리를 찾아봅시다.

1 お礼の手紙を送る相手はどんな方ですか。

감사 편지를 보내는 상대는 어떤 분입니까?

2 手紙はどんな時候の挨拶で始めますか。

편지는 어떤 계절 인사로 시작합니까?

3 相手の方には何をしていただきましたか。

상대 분께서는 어떤 도움을 받았습니까?

4 どんな言葉で感謝の気持ちを伝えますか。

어떤 말로 감사의 마음을 전합니까?

5 手紙をどんな言葉で締め括りますか。

편지를 어떤 말로 마무리합니까?

※ 작문 예시는 부록을 참고

‘お礼(れい)の手紙(てがみ)’와 관련된 작문 연습

◉ 질문에 대한 대답을 모아 문장을 작성해 봅시다.

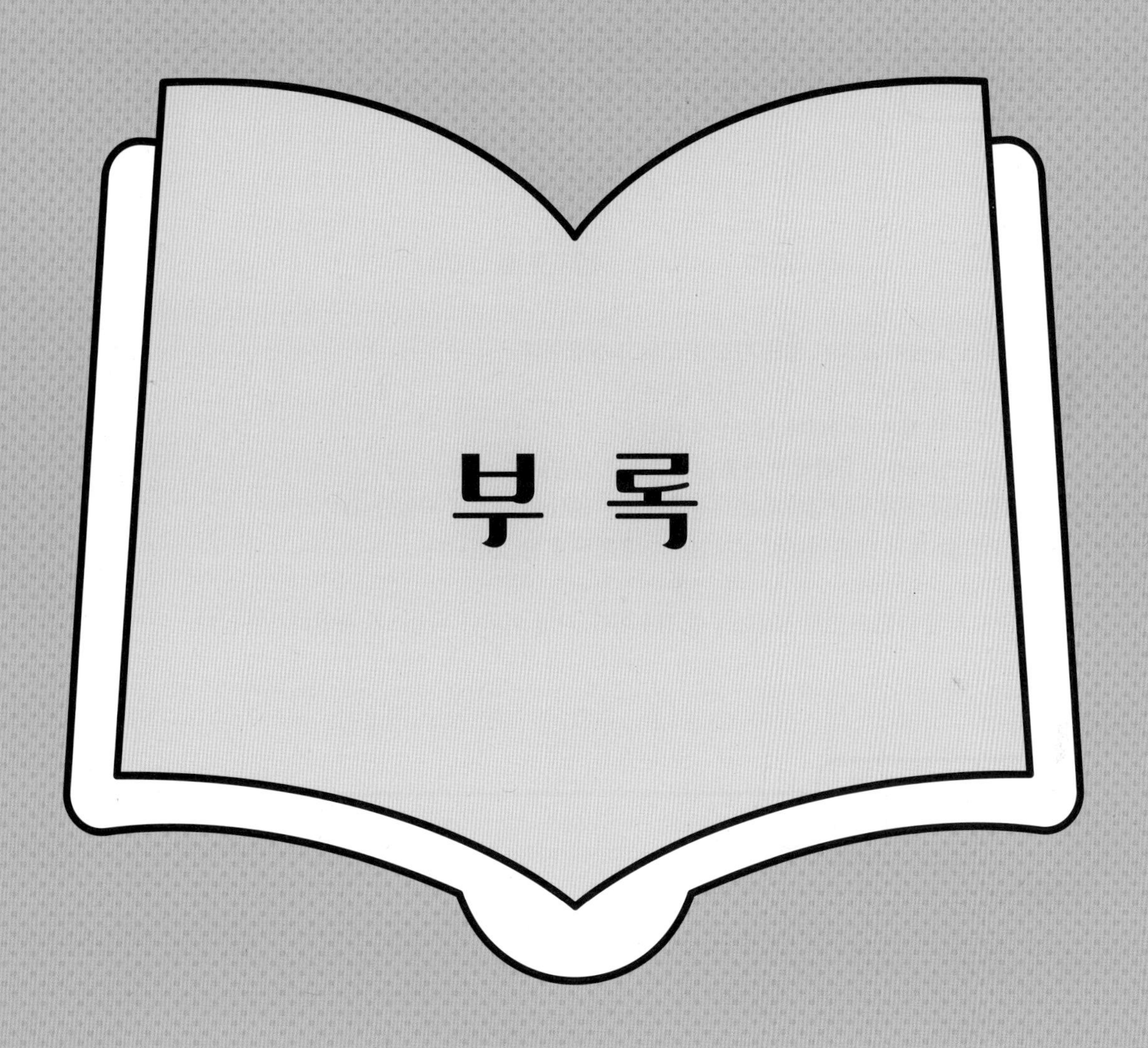

1. 정답 · 해석 · 모범 답안 · 예시문
2. 각 과별 어휘 정리

1과

어휘 연습

p.11

정답

1 家庭(かてい)* 2 別(べつ)に 3 見直(みなお)して

① 결혼하면 웃음이 그치지 않는 가정을 꾸리고 싶습니다.
② 가능하면 30대 중에 내 집을 짓고 싶습니다.
③ 별로 대단한 일은 아니니까 신경쓰지 마세요.
④ 생일인 손님에게는 특별히 기념품을 증정하고 있습니다.
⑤ 소심한 다나카 씨가 당당하게 프레젠테이션을 해서 다시 보게 되었습니다.
⑥ 다이어트를 해서 나를 차버린 남자친구가 후회하게 할 것입니다.

* 표현은 보기의 다른 표현도 사용가능한 경우이다. 다만 의미나 뉘앙스가 동일하지는 않다.

표현 · 문형 연습

p.12

정답

1 に加(くわ)えて 2 気味(ぎみ)
3 を契機(けいき)に 4 のみならず

1
① 종업원이 줄었기 때문에 접객과 함께 설거지까지 하지 않으면 안 됩니다.
② 차남에 이어 장남까지 홍역에 걸려 버렸습니다.
③ 이 가게 메뉴는 저렴하고 게다가 양이 많아서 인기가 많습니다.
④ 다나카 씨는 영어를 할 수 있고 게다가 스페인어도 가능하다니 대단합니다.

2
① 최근에 살이 찌는 것 같아서 다이어트를 하려고 합니다.
② 빈혈기가 있는 사람에게는 이 한약을 추천합니다.
③ 사회인이 되어 자동차를 사면 운동 부족이 되기 쉽습니다.
④ 나리타 공항은 도쿄도에 있다고 생각하기 쉽지만, 사실은 치바현에 있습니다.

3
① 정부의 규제 완화 정책을 계기로 소비가 활발해졌습니다.
② 청색 LED 개발을 계기로 모든 색상을 LED로 표현할 수 있게 되었습니다.
③ 새로운 학교나 병원이 생긴 것을 계기로 마을에는 젊은 부부가 많이 살기 시작했습니다.
④ 우연히 거리에서 재회한 것이 계기가 되어 지금 남편과 결혼했습니다.

4
① 신문은 경찰뿐만 아니라 검찰의 책임도 추궁하였다.
② 재택근무는 사람들의 일하는 방식뿐만 아니라 의식까지 바꿨다.
③ 기무라 씨뿐만 아니라 요시다 씨까지 나를 비난했습니다.
④ 오늘은 아내뿐만 아니라 아이들조차도 집에 없으므로 혼자서 저녁을 먹습니다.

본문

p.16

예전과 비교하면 나는 '먹는 것(食)'에 대한 의식이 바뀌었습니다. 외동이었던 나는 부모에게 응석부리며 자랐다고 생각합니다. 언제나 어머니는 좋아하는 음식을 만들어 주시고, 아버지는 과자를 사주셨습니다. 먹보인 데다가 그런 가정에서 자랐기 때문에 초등학생 때부터 조금 살쪄 있었습니다. 중학생이 되고 나서는 더욱 먹는 양이 늘어나서 비만 경향이 있었지만, 별로 신경쓰지 않았습니다. 고등학생이던 어느 날 의사가 '지금 이대로라면 병이 생긴다'라고 해서 충격을 받은 나는 이 일을 계기로 자신의 식생활을 돌아보고 다이어트를 하기로 했습니다. 나뿐만 아니라 부모님도 함께 식생활을 개선하여 다이어트를 시작하여, 지금은 가족 모두가 날씬한 체형을 유지하고 있습니다.

본문 요약 모범 답안

1 食いしん坊だったことに加えて、両親から甘やかされて育ったので、小学生の時から少し太っていました。

먹보인 데다가 부모에게 응석부리며 자랐기 때문에 초등학생 때부터 조금 살쪄 있었습니다.

2 医師から「今のままでは病気になる」と言われたことを契機にダイエットをすることにしました。

의사가 '지금 이대로라면 병이 생긴다'라고 한 것을 계기로 다이어트를 하기로 했습니다.

3 私のみならず両親もダイエットに取り組んだので、今では家族全員がスリムな体型を維持しています。

나뿐만 아니라 부모님도 다이어트를 시작하여, 지금은 가족 모두가 날씬한 체형을 유지하고 있습니다.

'幼少時代と現在の私'와 관련된 질문

p.18

예시문

❶ とても人見知りをする子供でした。

낯을 많이 가리는 아이였습니다.

❷ 両親のみならず兄も働いている家庭で育ちました。

부모님뿐만 아니라 형도 일하고 있는 가정에서 자랐습니다.

❸ 今はとても社交的な性格になりました。

지금은 아주 사교적인 성격이 되었습니다.

❹ 中学生の時に演劇部で活動したことを契機に性格が明るくなりました。

중학생 때 연극부에서 활동한 것을 계기로 성격이 밝아졌습니다.

❺ 私が変化できたのは演劇部での活動のおかげです。

내가 변화할 수 있었던 것은 연극부에서의 활동 덕분입니다.

‘幼少時代と現在の私’와 관련된 작문 연습

p.19

私の家庭は両親のみならず年が離れた兄も働いていたので、私はいつも一人で漫画やファンタジー小説を読んで過ごしていました。体を動かして遊ぶことがなかったので少し太り気味だったし、人見知りもする子供でした。

漫画や小説が好きだった私は、それらを原作とした映画や演劇にも興味がありました。それで中学生の時に演劇部に入ることにしました。発声練習や筋トレといった演劇部の活動を契機に次第に性格が明るくなり、社交的になりました。今思えば性格が明るくなったことに加えて体型がスリムになったのも、あの時の演劇部の活動のおかげです。

우리집은 부모님뿐만 아니라 나이 차이가 있는 형도 일하고 있었으므로, 나는 언제나 혼자서 만화나 판타지 소설을 읽으면서 지냈습니다. 몸을 움직여 노는 일이 없었으므로 조금 통통한 편이었고, 낯도 가리는 아이였습니다.

만화나 소설을 좋아했던 나는 이런 것을 원작으로 한 영화나 연극에도 관심이 있었습니다. 그래서 중학생 때 연극부에 들어가기로 했습니다. 발성 연습이나 근력운동과 같은 연극부 활동을 계기로 점차적으로 성격이 밝아지고 사교적이 되었습니다. 지금 생각하면 성격이 밝아진 데다가 체형이 날씬해진 것도 그때의 연극부 활동 덕분입니다.

2과

어휘 연습

p.23

정답

1 決(き)めた　2 一向(いっこう)に*　3 今日(きょう)

① 효율적으로 작업을 진행하기 위해서는 종료 시간을 정하는 것이 중요하다.
② 중앙은행은 물가 안정을 위하여 금리 인상을 결정했다.
③ 전력으로 달렸지만, 앞에 있는 선수와의 거리는 전혀 좁혀지지 않았다.
④ 필기시험은 그럭저럭 봤는데, 실기는 완전히 망쳤다.
⑤ 오늘은 손님이 많이 왔기 때문에 바빴습니다.
⑥ 오늘 와 주셔서 진심으로 감사드립니다.

표현 · 문형 연습

p.24

정답

1 以上(いじょう)は　2 に他(ほか)ならない
3 をもとに　4 次第(しだい)で

1
① 미국에서 일하는 이상, 토익 800점 정도의 영어 능력은 필요합니다.
② 공약으로 감세를 내세운 이상, 현 정권은 그것을 이행해야 합니다.
③ 히로시마에 간다면 꼭 오코노미야키를 먹어 보세요.
④ 모두 앞에서 금연하겠다고 선언한 이상, 담배는 가지고 다니지 않겠습니다.

2
① 사람을 출신지로 판단하는 것은 편견임에 틀림없다.
② 아내와의 만남은 분명히 운명이라고 생각합니다.
③ 이 영화감독의 작품은 항상 훌륭하기 때문에 신작도 분명히 기대할 수 있습니다.
④ 김 선생님은 엄격하기 때문에 분명히 과제가 많을 것이다.

3
① 이 영화는 사실을 바탕으로 만들어졌습니다.
② 면접시험 결과를 바탕으로 지원자 중에서 교환 유학생을 선발합니다.
③ 경찰은 증언을 토대로 용의자의 몽타주를 작성했다.
④ 법률에 근거하여 집회 개최가 제한되었습니다.

4
① 의사는 '검사 결과에 따라서 치료 방법을 변경할 수도 있다'고 환자에게 설명했습니다.
② 우리 회사에서는 사장님의 기분에 따라서 일이 결정되어 버립니다.
③ 날씨에 따라서 배가 출항하지 않는 날도 있으니, 주의하세요.
④ 고속도로의 혼잡 상황에 따라서 도착이 늦어지는 경우도 있습니다.

본문

p.28

고등학생 때 저는 미대 진학을 목표로 했었습니다. 목표를 정한 이상에는 무슨 일이 있어도 합격하려고 열심히 했습니다. 실력이 늘지 않는 것은 다름 아닌 노력 부족 때문이라고 생각해서 누구보다도 많이 데생을 했습니다. 하지만 전혀 실력이 늘지 않았습니다. 초조해 하던 저에게 미술 선생님이 '어제로부터 배우고, 오늘을 살아가며, 내일을 기대하자'라는 말을 가르쳐 주셨습니다. 성장하기 위해서는 경험을 바탕으로 자신에게 부족한 부분을 인식할 필요가 있습니다. 하지만 부족한 자신을 책망하지 말고, 성장 가능한 자신을 믿는 것이 중요합니다. 같은 노력이라도 마음가짐에 따라서 비장한 것이 될 수도 있고, 즐거운 것이 될 수도 있는 것입니다. 희망을 가지고 오늘을 힘껏 살아간다. 그것이 제 신조입니다.

'어제로부터 배우고, 오늘을 살아가며, 내일을 기대하자.
중요한 것은 계속 의문을 가지는 것이다.' 아인슈타인

본문 요약 모범 답안

1 私は高校生の頃、美大に進学するために頑張っていました。
저는 고등학생 때 미대에 진학하기 위해서 열심히 했었습니다.

2 できない自分を責めるのではなく、成長できる自分を信じることが重要です。
부족한 자신을 책망하지 말고, 성장 가능한 자신을 믿는 것이 중요합니다.

3 私のモットーは希望をもって今日を精一杯生きることです。
제 신조는 희망을 가지고 오늘을 힘껏 살아가는 것입니다.

‘私(わたし)が好(す)きな言葉(ことば)’와 관련된 질문

p.30

예시문

❶ 「明日(あした)のことは明日(あした)の俺(おれ)に任(まか)せよう」という言葉(ことば)です。

‘내일 일은 내일의 나에게 맡기자’라는 말입니다.

❷ 「今日(きょう)までの自分(じぶん)を信頼(しんらい)して、明日(あした)の自分(じぶん)にバトンを渡(わた)そう」という意味(いみ)があります。

‘오늘까지의 자신을 신뢰하고 내일의 자신에게 바통을 건네자’라는 의미가 있습니다.

❸ この言葉(ことば)を聞(き)くと、肩(かた)の力(ちから)が抜(ぬ)け、気持(きも)ちが楽(らく)になるからです。

이 말을 들으면 긴장이 풀리고 마음이 편안해지기 때문입니다.

❹ 失敗(しっぱい)するのではないかと不安(ふあん)になった時(とき)に思(おも)い浮(う)かべます。

실패하지는 않을까 불안해질 때 떠올립니다.

❺ 起(お)こってもいないことを心配(しんぱい)するのは時間(じかん)の無駄(むだ)に他(ほか)ならないということを学(まな)びました。

일어나지도 않은 일을 걱정하는 것은 시간 낭비나 다름없다는 것을 배웠습니다.

'私が好きな言葉'와 관련된 작문 연습

p.31

私は学生会の役員です。行事の責任者を引き受けた以上は、絶対成功させます。みんなで考えたテーマをもとに綿密な計画を立て、周到な準備をします。そして、何度もチェックします。それでも、イベントの前日になると失敗するのではないかと不安でたまらなくなります。そんな時つぶやくのは「明日のことは明日の俺に任せよう」という言葉です。この言葉を聞くと、肩の力が抜け、気持ちが楽になります。足りないところを探せば不安は募ります。でも、起こってもいないことを心配するのは時間の無駄に他なりません。視点を置く対象次第で現状の評価が変わります。できることは全部やった今日までの自分を信頼して、明日の自分にバトンを渡しましょう。

『明日のことは明日の俺に任せよう』
ONE、村田雄介『ワンパンマン』

저는 학생회 임원입니다. 행사 책임자를 맡은 이상, 반드시 성공시키려고 합니다. 다 같이 생각한 테마를 바탕으로 면밀하게 계획을 세우고 철저한 준비를 합니다. 그리고 몇 번이고 체크합니다. 그렇게 해도 이벤트 전날이 되면 실패하는 것은 아닐지 너무 불안해집니다. 그럴 때 되새기는 것은 '내일 일은 내일의 나에게 맡기자'라는 말입니다. 이 말을 들으면 긴장이 풀리고 마음이 편안해집니다. 부족한 부분을 찾으면 불안은 심해집니다. 하지만 일어나지도 않은 일을 걱정하는 것은 시간 낭비나 다름없습니다. 시점을 두는 대상에 따라서 현재 상황에 대한 평가가 달라집니다. 할 수 있는 것은 다 한 오늘까지의 자신을 신뢰하고 내일의 자신에게 바통을 건넵시다.

'내일 일은 내일의 나에게 맡기자.'
ONE, 무라다 유스케 '원펀맨'

3과

어휘 연습

p.35

정답

1 お年(とし)寄(よ)り*　　2 最(もっと)も　　3 経験(けいけん)

① 이것은 어린이부터 노인까지 가족 모두가 즐길 수 있는 게임이다.
② 범인은 변장하여 80세가 넘은 노인처럼 허리를 구부리고 걷고 있었다.
③ 이 대회에서 가장 활약한 스즈키 선수에게 MVP상이 수여되었다.
④ 경영자는 사원의 건강과 행복을 제일로 생각하지 않으면 안 된다.
⑤ 아르바이트에서 접객 경험을 한 것이 취직하고 나서 도움이 되었다.
⑥ 초등학교 사회과 수업에서 모심기와 벼 베기 체험을 한 적이 있다.

표현 · 문형 연습

p.36

정답

1 にあたって　　2 がたい

3 からといって

1
① 창립 50주년을 맞이하여 우리 회사에서는 기념 사업을 하기로 했습니다.
② 결혼하기에 앞서 두 사람의 미래에 대해 깊이 생각했습니다.
③ 공연을 시작할 즈음 손님에게 주의사항을 안내해 드립니다.
④ 이 서비스를 이용할 때 반드시 규정을 읽어 주십시오.

2
① 기무라 씨가 그런 말을 하다니 믿기 어렵습니다.
② 정치적인 문제를 무력으로 해결하려는 발상은 이해하기 어렵습니다.
③ 앞 사람의 머리가 방해되어 스크린을 보기 어렵습니다.
④ 전파 상태가 나쁜 것인지 전화 소리를 알아듣기 어렵습니다.

3
① 운동은 건강에 좋다고 해서 무조건 한다고 해서 좋은 것은 아닙니다.
② 춥다고 해서 집에 들어앉아만 있으면 안 됩니다.
③ 제목부터가 어려울 것 같은 논문이라 읽고 싶지 않습니다.
④ 복장이나 소지품부터 그녀가 부유한 집 딸이라고 한눈에 알아봤습니다.

본문

p.40

대학 입학 후에 가장 힘을 쏟은 일은 자원봉사입니다. 이제까지 마을 청소나 혼자 사는 노인의 지원과 같은 다양한 활동에 참가해 왔습니다. '취업 활동을 할 때 자원봉사 실적이 필요하기 때문에'라는 이유가 아닙니다. 자원봉사는 다양한 사회문제를 아는 기회가 되어 매력을 느꼈기 때문입니다. 교사를 목표로 하는 저에게 있어서 가장 기억에 남는 자원봉사는 장애를 가진 아이의 공부를 지원하는 활동입니다. 이때는 '장애의 종류가 같다고 해서 같은 지원을 하면 되는 것이 아니다'라는 것을 배웠고 정말로 얻기 힘든 경험이었습니다. 그래서 대학에서 무언가 하고 싶다고 생각하는 대학생에게는 자원봉사를 권하고 싶습니다.

본문 요약 모범 답안

1 ボランティアを始めたのは「就職にあたって有利になるから」という理由ではありません。

자원봉사를 시작한 것은 '취직할 때 유리하기 때문에'라는 이유가 아닙니다.

2 ボランティアは多様な社会問題を知る機会になるので魅力を感じました。

자원봉사는 다양한 사회문제를 아는 기회가 되기 때문에 매력을 느꼈습니다.

3 障害を持つ子供を支援するボランティアでは障害の種類が同じだからといって同じ支援をすればいいのではないということを学びました。

장애를 가진 아이를 지원하는 자원봉사에서는 장애의 종류가 같다고 해서 같은 지원을 하면 되는 것이 아니다라는 것을 배웠습니다.

'学生時代に最も力を入れたこと'와 관련된 질문

p.42

예시문

❶ 大学入学にあたって語学の勉強に力を入れようと思いました。

대학에 입학할 때 어학 공부에 힘을 쏟으려고 생각했습니다.

❷ 外国語を話せるようになりたかったからです。

외국어를 말할 수 있게 되고 싶었기 때문입니다.

❸ 短期研修や模擬試験といった支援プログラムを利用しました。

단기 연수나 모의시험과 같은 지원 프로그램을 이용했습니다.

❹ 留学生の友達と済州島に行ったことです。

유학생 친구와 제주도에 간 것입니다.

❺ 外国の友達と出会って「グローバルとは何か」を学んだ気がします。

외국 친구와 만나 '글로벌이란 무엇인가'를 배운 것 같습니다.

'学生時代に最も力を入れたこと'와 관련된 작문 연습

p.43

外国語が話せるようになりたかった私は、大学入学にあたって英語や日本語の勉強を頑張ろうと決めました。それで外国語の実力を伸ばすために海外短期研修や模擬試験といった大学の支援プログラムもたくさん利用しました。しかし、支援プログラムを利用したからといって英語や日本語が話せるようになるわけではありません。日頃から外国語を使う機会がなければ、やはり流暢に話すのは難しいでしょう。そこで私は留学生の友達を作ることに励みました。カナダ人のエミリーや日本人の真希と仲良くなり、3人で済州島に行ったことはとてもいい思い出です。済州島旅行を通して「グローバルとは何か」を学んだ気がします。得がたい友達に出会えた私は本当に幸せ者です。

외국어를 말할 수 있게 되고 싶었던 나는 대학에 입학하면서 영어나 일본어 공부를 열심히 하려고 정했습니다. 그래서 외국어 실력을 키우기 위해 해외 단기 연수나 모의시험과 같은 대학 지원 프로그램도 많이 이용했습니다. 그러나 지원 프로그램을 이용했다고 해서 영어나 일본어를 할 수 있게 되는 것은 아닙니다. 평소에 외국어를 사용할 기회가 없으면 역시 유창하게 말하는 것은 어려울 것입니다. 그래서 나는 유학생 친구를 만들기 위해 노력했습니다. 캐나다인 에밀리와 일본인 마키와 친해져 셋이서 제주도에 간 것이 매우 좋은 추억입니다. 제주도 여행을 통해 '글로벌이란 무엇인가'를 배운 것 같습니다. 소중한 친구를 만날 수 있었던 나는 정말 행운아입니다.

4과

어휘 연습

p.47

정답

1 大会(たいかい)　2 学級委員長(がっきゅういいんちょう)　3 改(あらた)め

① 이번에는 '만남'을 테마로 일본어 변론대회가 개최됩니다.
② 아들이 출전하는 축구시합은 11시부터 시작됩니다.
③ 성격이 밝고 반에서 있기가 많았던 남동생은 중학교 때 3년간 반장을 했다.
④ 대피훈련으로 교정에 집합하면 조장은 조원의 인원수를 확인해 주시기 바랍니다.
⑤ 늦게까지 깨어 있는 습관을 고쳐서 일찍 자고 일찍 일어나기로 했다.
⑥ 고장이 난 에어컨을 고쳐서 사용하는 것보다 새 제품을 사는 것이 낫다.

표현 · 문형 연습

p.48

정답

1 た上(うえ)で　2 どころではありませんでした
3 にすぎなかった　4 まい

1
① 다음 회의 일정에 대해서는 상사와 상의한 후, 추후 연락드리겠습니다.
② 반드시 계약서 내용을 잘 읽은 후에 날인을 해 주세요.
③ 비누로 손을 씻은 다음에 간식을 먹어라.
④ 대학을 졸업한 후 IT기업에서 엔지니어로 일하고 있습니다.

2
① 회의 중에 지진이 발생하여 이야기를 나누고 있을 상황이 아니었습니다.
② 처음 해운대에 왔는데, 이렇게 해수욕객이 많아서는 수영할 상황이 아니다.
③ 내일 시험이 있으면 놀고 있을 때가 아니잖아.
④ 이러고 있을 때가 아니에요. 빨리 집에 돌아가는 게 좋아요.

3 ① 우승했다고 해도 작은 지방 대회에 불과합니다.
② 클레임 중 하나일 뿐이니까 그렇게 신경 쓸 필요는 없습니다.
③ 지금까지 유럽 이외의 팀에서 메달을 획득한 것은 중국 팀뿐입니다.
④ 고객 만족도 조사를 실시한 결과, 클레임은 한 건뿐이었습니다.

4 ① 점원의 태도가 너무 나빠서 '두 번 다시 오지 않겠다'고 생각했습니다.
② 다재다능한 너는 내 기분 따위는 모를 거야.
③ 실연이 이렇게 괴로울 줄이야, 다시는 사랑하지 않을 거야.
④ 새로 가게를 시작해도 홍보를 하지 않으면 손님은 오지 않는다.

본문

p.52

저희 고등학교에는 반 대항 댄스 대회가 있었습니다. 반장이었던 저는 우승해서 좋은 추억을 만들자고 호소했습니다. 댄스부 친구에게 멋진 안무를 생각해 달라고 하고, 그룹별로 안무를 마스터한 후, 전체 연습을 하기로 했습니다.

그런데 모여 보니 춤을 출 수 있는 사람이 몇 명밖에 없어서 다 함께 맞춰 볼 상황이 아니었습니다. 게다가 난이도가 높다든가 시간을 뺏기고 싶지 않다든가 하는 여러 가지 불만이 터져 나왔습니다. 저는 리더 실격이었습니다. 자신의 생각을 강요하고 있었던 것에 지나지 않았던 것입니다. 저는 생각을 공유하는 것의 중요성과 어려움을 절실히 느꼈습니다. 그리고 모두의 입장에서 생각하는 것을 잊지 말아야겠다고 결심하고 태도를 바꾸었습니다.

본문 요약 모범 답안

1 私は学級委員長として、クラス対抗のダンス大会で優勝しようと呼びかけました。

저는 반장으로서 반 대항 댄스 대회에서 우승하자고 호소했습니다.

2 しかし、全体練習の時、みんなが様々な不満を持っていたことがわかりました。

하지만 전체 연습 때, 모두가 여러 가지 불만을 가지고 있다는 것을 알았습니다.

3 この出来事を通して、思いを共有することの大切さを学びました。

이 일을 통해서 생각을 공유하는 것의 중요성을 배웠습니다.

'失敗や挫折から学んだこと'와 관련된 질문

p.54

예시문

❶ 大学１年生で大会の先発投手に選ばれた時です。

대학교 1학년 때, 대회의 선발 투수로 뽑혔을 때입니다.

❷ 無理した結果、ひじを痛めて大会に出場できなくなってしまいました。

무리를 한 결과, 팔꿈치를 다쳐서 대회에 출전하지 못하게 되었습니다.

❸ 自分の活躍しか考えなかったのは、単なるわがままにすぎなかったと反省しました。

자신의 활약밖에 생각하지 않았던 것은 단지 이기심에 지나지 않았다고 반성했습니다.

❹ 全体のことを考えた上で、チームのために行動することが大切だと思いました。

전체를 생각한 후에 팀을 위해 행동하는 것이 중요하다고 생각했습니다.

❺ チームとの一体感を感じながら、いい投球ができるようになりました。

팀과의 일체감을 느끼면서 좋은 투구를 할 수 있게 되었습니다.

'失敗や挫折から学んだこと'와 관련된 작문 연습

p.55

私は大学１年生の時、大会の先発投手に選ばれました。監督の期待に応えようと張り切って練習しました。設定された休養日にも休んでいるどころではないと思ってたくさん投げ込みました。先輩たちの心配の声は耳に入りませんでした。こうして無理した結果、ひじを痛めて出場できなくなってしまいました。野球はチームで戦うスポーツです。しかし、私は自分の活躍しか考えていませんでした。単なるわがままにすぎなかったのです。二度と同じことは繰り返すまいと思いました。それ以来、私は全体をよく見た上で、チームのために行動するようになりました。すると、仲間との一体感を感じながら、いい投球ができるようになりました。次の大会はみんなで優勝したいです。

저는 대학교 1학년 때 대회의 선발 투수로 뽑혔습니다. 감독님의 기대에 부응하려고 의욕적으로 연습했습니다. 정해진 휴일에도 쉬고 있을 때가 아니라고 생각하고 공을 많이 던졌습니다. 선배들이 걱정하는 목소리는 귀에 들어오지 않았습니다. 이렇게 무리한 결과, 팔꿈치를 다쳐서 출전할 수 없게 되었습니다. 야구는 팀으로 겨루는 스포츠입니다. 하지만 저는 자신의 활약밖에 생각하지 않았습니다. 단지 이기심에 지나지 않았던 것입니다. 두 번 다시 같은 실수를 반복하지 않겠다고 생각했습니다. 그 이후로 저는 전체를 잘 본 후에 팀을 위해서 행동하게 되었습니다. 그러자 동료들과의 일체감을 느끼면서 좋은 투구를 할 수 있게 되었습니다. 다음 대회에서는 다 같이 우승하고 싶습니다.

5과

어휘 연습

p.59

정답

1 長所(ちょうしょ)　2 習(なら)った*　3 逃(のが)したり

① 플라스틱의 장점은 복잡한 형태로도 가공하기 쉬운 점입니다.
② 완고하고 융통성이 없는 것이 나의 단점입니다.
③ 여동생은 어렸을 때부터 발레를 배우고 있어서 자세가 좋습니다.
④ 인턴십을 통해서 사회인으로서의 마음가짐을 배웠습니다.
⑤ 이 기회를 놓치면 다음에 같은 혜성을 관측할 수 있는 것은 80년 후이다.
⑥ 기르고 있던 장수풍뎅이를 가까운 숲에 놓아주었다.

표현 · 문형 연습

p.60

정답

1 ずにはいられない　2 にも関(かか)わらず
3 だあげく　4 てはならない

1
① 다나카 씨는 곤란해 하는 사람을 보면 꼭 도와주는 성격입니다.
② 정말 좋아하는 한류스타의 팬 미팅이 열리다니 꼭 가야 합니다.
③ 그 배우의 연기는 너무나도 어설퍼서 봐줄 수 없습니다.
④ 친구가 바보 취급을 당해서 가만히 있을 수 없었습니다.

2
① 내가 열심히 만들었는데도 불구하고 아이들은 "맛없어"라며 거의 남겼습니다.
② 황금연휴인데도 불구하고 거리에 사람은 많지 않았습니다.
③ 팬의 기대에 반하여 감독은 투수를 교체했습니다.
④ 신문사의 예상과 다르게 선거에서는 A후보가 당선되었습니다.

3
① 컴퓨터를 직접 고쳐 보려고 이것 저것 만지다가 고장내 버렸습니다.
② 그는 오랫동안 고객의 클레임에 대응하다가 스트레스로 마음의 병을 얻었습니다.
③ 그 공장에서는 날림으로 안전관리를 한 결과 폭발사고가 발생했습니다.
④ 우여곡절 끝에 결국 그와 결혼했습니다.

4
① '자유'나 '평화'를 당연한 것으로 생각해서는 안 됩니다.
② 가난한 사람이 병원에서 치료를 받지 못하는 일이 있어서는 안 됩니다.
③ 매우 깊어서 이 연못에서 수영해서는 안 됩니다.
④ 서버가 있는 방에는 관리자 이외 들어가서는 안 됩니다.

본문

p.64

나의 장점은 도전 정신이 있는 점입니다. 어렸을 때부터 재미있을 것 같은 일은 무엇이든지 해 보지 않고는 안 되는 성격이었습니다. 중학생 때부터 영어 공부를 좋아했던 나는 대학교 2학년 때 미국에서 반년간 단기유학을 했습니다. 학교에서 배운대로 영어를 사용하고 있는데도 불구하고 상대방과 말이 통하지 않기도 하고, 밤늦게까지 놀다가 결국 마지막 버스를 놓치기도 하는 등 힘든 일도 많이 있었습니다. 하지만 유학을 통해 많은 것을 배울 수 있었습니다. 도전 정신은 있지만, 흥미가 생긴 일에 관해서는 면밀한 계획을 세우지 않고 행동하니까, 이 점이 단점이라면 단점이기도 합니다. 하지만 도전이야말로 사람을 성장하도록 하는 원동력이겠지요. 무엇이든지 도전하는 마음을 잊어서는 안 된다고 생각합니다.

본문 요약 모범 답안

1 私(わたし)は子供(こども)の頃(ころ)から面白(おもしろ)そうなことは何(なん)でもしてみずにはいられない性格(せいかく)でした。

나는 어렸을 때부터 재미있을 것 같은 일은 무엇이든지 해 보지 않고는 안 되는 성격이었습니다.

2 アメリカへ留学(りゅうがく)した時(とき)は夜(よる)まで遊(あそ)んだあげく最終(さいしゅう)バスを逃(のが)すなど大変(たいへん)なこともありましたが、多(おお)くのことを学(まな)べました。

미국에서 유학했을 때는 밤늦게까지 놀다가 결국 마지막 버스를 놓치는 등 힘든 일도 있었지만, 많은 것을 배울 수 있었습니다.

3 何(なに)ごとにも挑戦(ちょうせん)する気持(きも)ちを忘(わす)れてはならないと思(おも)います。

무엇이든지 도전하는 마음을 잊어서는 안 된다고 생각합니다.

'私の長所・強み'와 관련된 질문

p.66

예시문

❶ 私の強みは論理的な思考ができることです。

저의 장점은 논리적인 사고를 할 수 있는 점입니다.

❷ 理屈っぽくて、共感性に乏しいことです。

이치만 따지고 공감능력이 부족한 점입니다.

❸ 小学生であるにも関わらず哲学者の伝記を読むのが好きな子供でした。

초등학생인데도 불구하고 철학자의 위인전을 읽는 것을 좋아하는 아이였습니다.

❹ 幽霊の存在について友達と議論したあげく、喧嘩になったことがあります。

유령의 존재에 대해 친구와 논의하다 결국 싸운 적이 있습니다.

❺ どんな時でも論理的な思考から外れてはならないと思います。

어떤 경우라도 논리적인 사고에서 벗어나서는 안 된다고 생각합니다.

'私の長所・強み'와 관련된 작문 연습

p.67

私の強みは論理的な思考ができることです。母親の話によると、私は小学生であるにも関わらず哲学者の伝記を読むのが好きな子供だったそうです。このようなエピソードも私の性格に関係していると思います。私は非論理的なことには反論せずにはいられません。

ある日、友達が幽霊を見たという話をしました。私が「幽霊というのは脳科学で説明できるよ」と言うと友達は怒り出し、議論をしたあげく喧嘩になってしまいました。このようなことがよくあって友達から「理屈っぽくて共感性がない」と言われます。確かに、この点は私の弱みです。しかし、フェイクニュースがあふれる現代社会においては、どんな時でも論理的な思考から外れてはならないと思います。

나의 장점은 논리적인 사고를 할 수 있는 점입니다. 엄마의 이야기에 의하면 나는 초등학생인데도 불구하고 철학자의 위인전을 읽는 것을 좋아하는 아이였다고 합니다. 이런 에피소드도 나의 성격과 관련 있다고 생각합니다. 나는 비논리적인 것에는 꼭 반론하게 됩니다.

어느 날 친구가 유령을 봤다는 이야기를 했습니다. 내가 "유령이라는 것은 뇌과학으로 설명할 수 있어"라고 하자 친구는 화를 내고, 논의하다가 결국 싸우게 되었습니다. 이런 일이 자주 있어서 친구들로부터 '이치만 따지고 공감을 못한다'라는 말을 듣습니다. 분명히 이 점은 나의 약점입니다. 그러나 가짜 뉴스가 넘쳐나는 현대사회에서는 어떤 경우라도 논리적인 사고에서 벗어나서는 안 된다고 생각합니다.

6과

어휘 연습

p.71

정답

1 転身(てんしん)　2 楽(たの)し　3 見(み)つけて

① 젊었을 때는 육상 선수였지만, 은퇴 후에 배우로 전향해 여러 영화에 출연했다.
② 댐 건설 반대를 호소하던 친구가 최근에 갑자기 찬성파로 전향했다.
③ 아이를 좋아하는 나에게 있어서 보육사는 매우 즐거운 일입니다.
④ 1주일 전에 뿌린 해바라기 씨에서 무사히 싹이 나와 기쁩니다.
⑤ 여러 가게를 둘러보고, 겨우 나에게 맞는 베개를 찾았다.
⑥ 프로필에 사용할 수 있을 것 같은 사진을 찾고 있는데, 좋은 게 별로 없다.

표현 · 문형 연습

p.72

정답

1 に沿(そ)って　2 ことだ
3 だけに　4 つつある

1
① 도로를 따라 은행나무가 심겨 있습니다.
② 프로젝트는 예정표에 따라 순조롭게 진행되었습니다.
③ 오케스트라의 단원이 지휘자의 지시에 따라 연주하고 있습니다.
④ 법령에 따라 국가는 그 토지를 매수했습니다.

2
① 일본 현대 문학을 알고 싶다면 무라카미 하루키의 작품을 읽어 봐야 합니다.
② 좋은 수면을 위해서는 자기 전에 술을 마시지 않아야 한다.
③ 곤란해 하는 사람이 있으면 누구라도 도와줘야만 한다.
④ 어린이는 밤 9시에는 자야 한다.

3 ① 다나카 씨는 10년간 미국에 있었던 만큼 영어를 잘합니다.
② 김OO 씨는 전자공학이 전공인 만큼 컴퓨터를 잘 압니다.
③ 그 영화를 보고 배가 아플 만큼 웃었습니다.
④ 너무나도 간절히 새로운 모델의 스마트폰을 갖고 싶습니다.

4 ① 여러 세대에서 일하는 방식에 대한 생각이 변하고 있습니다.
② 한국이나 일본에서는 젊은 세대의 인구가 줄어들고 있습니다.
③ 광장에서 어린이들이 노래를 부르고 있습니다.
④ 고바야시 씨가 피아노로 쇼팽 곡을 치고 있습니다.

본문

p.76

우리 삼촌은 어느 날 돌연 회사를 그만두고 젊었을 때부터 꿈이었던 카메라맨으로 전향했습니다. 현재 업계에서는 꽤 유명한 존재가 되어 있습니다. 자신의 가치관에 따라 즐겁게 살아가고 있는 삼촌을 나는 마음속 깊이 존경하고 있습니다. 하고 싶은 일을 찾지 못해서 고민하고 있는 나에게 삼촌은 '싫은 일은 용기를 내어 놓아 버리는 거다'라고 말해 주었습니다. 꿈을 실현한 삼촌의 말이었던 만큼 설득력이 있었습니다. 나는 지금 삼촌에게 들은 것을 실천 중입니다. 예를 들면 필요 없는 것은 과감히 버리거나 마음이 내키지 않는 일은 거절하고 있습니다. 그리고 자신에게 무엇이 맞는지 조금씩 명확해지고 있습니다. 언젠가 자신의 꿈을 발견하여 그것을 직업으로 삼아 삼촌처럼 알찬 인생을 보내고 싶습니다.

본문 요약 모범 답안

1 会社を辞めてカメラマンに転身した叔父は、自分の価値観に沿って楽しそうに生きています。

회사를 그만두고 카메라맨으로 전향한 삼촌은 자신의 가치관에 따라 즐겁게 살아가고 있습니다.

2 叔父は私に嫌いなことは勇気をもって手放しなさいと言いました。

삼촌은 나에게 싫은 일은 용기를 내어 놓아 버리라고 말했습니다.

3 今、叔父に言われたことを実践して、自分に何が向いているのか、少しずつ明確になりつつあります。

지금 삼촌에게 들은 것을 실천하니, 자신에게 무엇이 맞는지 조금씩 명확해지고 있습니다.

'私のロールモデル'와 관련된 질문

p.78

예시문

❶ 私のロールモデルは、ある農業経営者です。

내 롤 모델은 한 농업경영자입니다.

❷ 敷かれたレールに沿って進むのではなく、１９歳で起業して自分の道を切り開いた人です。

정해진 길을 따라 나아가는 것이 아니라 19세에 사업을 시작하여 자신의 길을 개척한 사람입니다.

❸ 決断と行動の速さが並外れているところです。

결단과 행동의 신속함이 월등한 점입니다.

❹ 彼女は「ピンときたら即行動」を信条としています。

그녀는 '감이 오면 즉시 행동'을 신조로 삼고 있습니다.

❺ 「失敗を友達だと思うことだ」という彼女の言葉どおり、私も果敢に挑戦する人生を歩んでいきたいです。

'실패를 친구라고 생각해야 한다'라는 그녀의 말대로, 나도 과감히 도전하는 인생을 살아가고 싶습니다.

'私のロールモデル'와 관련된 작문 연습

p.79

私のロールモデルは、19歳で起業したある農業経営者です。敷かれたレールに沿って進むのではなく、自分の道を切り開いた彼女を私は尊敬しています。「ピンときたら即行動」を信条としているだけに、彼女の決断と行動の速さは並外れています。各地の農産物を使った料理コンテストを開催することを思いつくと、その日から毎日100人にアプローチして協力者を集めました。また、農業の担い手が減りつつある地方の農家に足を運んで話を聞き、若い人材を派遣するサービスも実現しました。次から次へと構想を具現化する彼女は「成功したいなら失敗を友達だと思うことだ」と言います。私も彼女を見習って果敢に挑戦し、夢を実現していきたいです。

나의 롤 모델은 19세에 사업을 시작한 한 농업경영자입니다. 정해진 길을 따라 나아가는 것이 아니라 자신의 길을 개척한 그녀를 나는 존경하고 있습니다. '감이 오면 즉시 행동'을 신조로 삼고 있는 만큼 그녀의 결단과 행동의 신속함은 월등합니다. 각지의 농산물을 사용한 요리 콘테스트를 개최해야겠다고 생각하자마자 그날부터 매일 100명에게 연락하여 협력자를 모았습니다. 또한 농업에 종사하는 사람이 줄어들고 있는 지방 농가에 찾아가서 이야기를 듣고 젊은 인재를 파견하는 서비스도 실현했습니다. 잇달아서 구상을 구현하는 그녀는 '성공하고 싶으면 실패를 친구라고 생각해야 한다'라고 말합니다. 나도 그녀를 본받아서 과감히 도전하여 꿈을 실현해 나가고 싶습니다.

7과

어휘 연습

p.83

정답

1 発展(はってん)　　2 決済(けっさい)　　3 議論(ぎろん)

① 철도 개통으로 이 도시는 도쿄의 베드타운으로 급속하게 발전했다.
② 인류가 지구에서 번영할 수 있었던 것은 크게 발달한 뇌 덕분이다.
③ 사전에 현금을 충전한 선불 카드로 결제한다.
④ 식사 후에 화장실에 가는 척하면서 먼저 계산을 마쳤다.
⑤ 선거 전에 고등학생의 정치활동에 대해서 친구와 토론을 했다.
⑥ 졸업 후 진로에 대해서 선생님에게 상담했다.

표현 · 문형 연습

p.84

정답

1 にともなって　　2 なしで

3 かねない　　4 をめぐって

1
① 고령자의 인구 증가와 더불어 사회보장에 관한 새로운 문제가 발생했습니다.
② 중국 관광객이 증가함에 따라서 일본의 관광 산업이 활기를 띠기 시작했습니다.
③ 그때는 힘들었지만, 시간이 지날수록 좋은 추억으로 바뀌었습니다.
④ 대부분의 사람들은 나이가 들수록 성격이 무난해집니다.

2
① 한국어 공부를 위해서 한국 영화를 자막 없이 봤습니다.
② 그는 통역 없이 외국 바이어와 사업협상을 진행했습니다.
③ 입사 동기인 젊은 사원들이 모여서 상사를 빼고 술자리를 가졌습니다.
④ 헬렌 켈러의 일생을 설리번 선생님 없이 이야기할 수는 없습니다.

3
① 망가진 놀이 기구를 그대로 두면 아이들이 다칠지도 모릅니다.
② 동중국해에서 국제문제로 발전할 수 있는 선박사고가 발생했습니다.
③ 비가 올지도 모르니까 우산을 가지고 갑시다.
④ 올해는 보너스가 증액될지도 모릅니다.

4
① 동유럽에서 발발한 전쟁을 둘러싸고 각국의 정상들이 모여서 논의했습니다.
② A사와의 계약 파기 여부를 놓고 사원들의 의견이 나뉘어졌습니다.
③ 서울에서 발생한 사고와 관련하여 대통령이 담화를 발표했습니다.
④ 신제품 개발과 관련하여 A사와 개발 절차를 논의했습니다.

본문

p.88

최근 IT기술의 발전과 함께 우리들의 생활은 크게 바뀌었습니다. 스마트폰으로는 전화뿐만 아니라 게임이나 결제, 신분 증명 등 많은 것을 할 수 있습니다. 지금은 스마트폰 없이 생활하는 것은 불가능할 정도입니다. IT기술 중에서도 제가 특히 궁금한 것은 AI입니다. 예전에 사람이 AI와 바둑 대전을 했다는 뉴스를 봤습니다. 대전에서 기사가 고전하는 모습이 인상적이었습니다. 바둑이 그렇듯이 일부 분야에서는 이미 AI가 인간의 능력을 능가하고 있습니다. 미래에 자신의 일을 AI에게 빼앗길지도 모른다고 생각하는 사람도 있는 것 같고, 최근에는 AI를 둘러싸고 다양한 논의가 이루어지고 있습니다. 인간이 AI와 공존할 수 있을지 어떻지, 세계의 동향에 주목하고 싶습니다.

본문 요약 모범 답안

1 近年、私たちの生活はIT技術の発展にともなって大きく変わりました。

최근 우리들의 생활은 IT기술의 발전과 함께 크게 바뀌었습니다.

2 一部の分野では既にAIが人間の能力を凌駕していて、自分の仕事をAIに奪われかねないと考える人もいるようです。

일부 분야에서는 이미 AI가 인간의 능력을 능가하고 있어서, 자신의 일을 AI에게 빼앗길지도 모른다고 생각하는 사람도 있는 것 같습니다.

3 AIをめぐって様々な議論が交わされていますが、世の中の動向に注目していきたいです。

AI를 둘러싸고 다양한 논의가 이루어지고 있는데, 세계의 동향에 주목하고 싶습니다.

'気になるニュース'와 관련된 질문

p.90

예시문

❶ 「プラスチックごみ問題」です。

'플라스틱 쓰레기 문제'입니다.

❷ 経済の発展にともなって大量のプラスチックが消費されるようになって問題が生じたからです。

경제 발전과 더불어 대량의 플라스틱이 소비되면서 문제가 발생했기 때문입니다.

❸ プラスチックなしで生活するのは不可能なほどプラスチックは私たちの生活と密着しています。

플라스틱 없이 생활하는 것은 불가능할 정도로 플라스틱은 우리들의 생활과 밀접합니다.

❹ 2050年には海にあるプラスチックごみの量が魚の量を上回りかねないという見解があります。

2050년에는 바다에 있는 플라스틱 쓰레기의 양이 물고기의 양을 웃돌 수 있다는 견해가 있습니다.

❺ 一人一人がプラスチックごみを減らすための努力と実践をすべきです。

한 사람 한 사람이 플라스틱 쓰레기를 줄이기 위한 노력과 실천을 해야 합니다.

'気になるニュース'와 관련된 작문 연습

p.91

最近の気になるニュースは「プラスチックごみ問題」です。経済の発展にともなって私たちは大量のプラスチック製品を作り出してきました。今ではプラスチックなしでは生活ができないほどです。一方、私たちが大量に排出するプラスチックごみが深刻な環境問題の原因になっています。プラスチックごみは適切に処理されない場合、最終的に海にたどり着きます。毎年、海には800万トンのプラスチックごみが流れ込み、このままだと2050年には海にあるプラスチックごみの量が魚の量を上回りかねないという見解もあるそうです。現在、国連では各国がプラスチックごみ問題の解決をめぐって様々な議論をしています。国の政策も必要ですが、私たち一人一人もプラスチックごみを減らすための努力と実践をすべきだと思います。

요즘 궁금한 뉴스는 '플라스틱 쓰레기 문제'입니다. 경제 발전과 더불어 우리는 대량의 플라스틱 제품을 만들어 왔습니다. 지금은 플라스틱 없이는 생활이 불가능할 정도입니다. 한편, 우리들이 대량으로 배출하는 플라스틱 쓰레기가 심각한 환경 문제의 원인이 되고 있습니다. 플라스틱 쓰레기는 적절하게 처리되지 않을 경우 최종적으로 바다에 도달합니다. 매년 바다에는 800만 톤의 플라스틱 쓰레기가 흘러 들어가고 있어, 이대로라면 2050년에는 바다에 있는 플라스틱 쓰레기의 양이 물고기의 양을 웃돌 수 있다는 견해도 있다고 합니다. 현재 유엔에서는 각국이 플라스틱 쓰레기 문제 해결을 둘러싸고 다양한 논의를 하고 있습니다. 국가 정책도 필요하지만, 우리들 한 사람 한 사람도 플라스틱 쓰레기를 줄이기 위한 노력과 실천을 해야 한다고 생각합니다.

8과

어휘 연습

p.95

정답

1 丁寧(ていねい)に　2 取(と)り出(だ)す　3 済(す)んだ

① 사용한 손수건을 정성껏 접어서 주머니에 넣었다.
② 거래처에서 스카우트 타진이 있었지만, 정중하게 거절했다.
③ 이어폰을 케이스에서 꺼내어 귀에 꽂아 주세요.
④ 대본 속에서 주인공의 대사만을 골라 노트에 정리했습니다.
⑤ 이사 후, 주소 변경 등의 절차는 이미 끝났습니까?
⑥ 코트를 사고 싶습니다만, 동복 세일은 이미 끝났습니까?

표현 · 문형 연습

p.96

정답

1 に応(おう)じて　2 ないで済(す)んだ
3 ところだった　4 ばかりか

1
① 태풍 때는 상황에 따라 집에 머물지 피난할지를 판단해 주세요.
② 우리 호텔에서는 커플의 희망에 따라 여러 가지 예식 플랜을 준비하고 있습니다.
③ 재판관은 과거 판례에 따라 징역 3년 판결을 내렸습니다.
④ 매뉴얼에 따라 고객의 클레임에 대처했습니다.

2
① 사전에 예약해 두었기 때문에 가게에 들어갈 때 줄 서지 않아도 되었습니다.
② 평소부터 조금씩 청소해 두면 연말 대청소 때 고생하지 않아도 됩니다.
③ 이렇게 많이 도움을 받아서 꼭 사례를 하고 싶은 마음입니다.
④ 경험이 적은 파일럿이 일으킨 사고라고 해도 처벌해야 합니다.

3
① 헤엄치고 있다가 갑자기 다리에 쥐가 나서 하마터면 물에 빠질 뻔했습니다.
② 스마트폰을 보면서 걷고 있다가 뒤에서 차가 와서 치일 뻔했습니다.
③ 오늘은 일찍 일어날 생각이었는데 늦잠을 자고 말았습니다.
④ 슈퍼에서 섬유 유연제를 사려고 했는데 품절이었습니다.

4
① 부모님뿐만 아니라 언니까지 내 결혼에 반대했습니다.
② 다나카 씨는 잘생긴 남자일 뿐만 아니라 목소리도 멋있어서 여성에게 인기가 있습니다.
③ 남편은 된장국은커녕 달걀 프라이조차 만들 수 없습니다.
④ 크리스마스이지만, 함께 지낼 여자친구는커녕 친구도 없습니다.

본문

p.100

나는 '도키노 목공'의 목제 잡화를 애용하고 있습니다. 주문에 따라 하나하나 정성껏 제작해 줍니다. 그중에서도 스마트폰용 스피커는 음질이 좋기 때문에 마음에 듭니다. 게다가 나뭇결이 예쁘고 인테리어로도 즐길 수 있습니다.

이 회사는 '안심과 미소를 전한다'라는 이념을 가지고 있습니다. 사장의 아들이 어렸을 때 도미노 파편을 삼키고 말았습니다. 병원에 데리고 가서 꺼낼 수 있었기 때문에 수술은 하지 않고 해결되었다고 합니다. 만약 조금이라도 늦었더라면 질식할 뻔했다고 합니다. 이것을 계기로 안전하고 안심할 수 있는 목제 장난감 개발을 시작했다고 합니다. 이 회사 제품은 기능적일 뿐만 아니라 사용하는 사람의 마음을 위로해 줍니다. 그것은 만드는 사람의 배려하는 마음이 담겨 있기 때문이라고 생각합니다.

본문 요약 모범 답안

1 私は「トキノ木工」という会社の木製雑貨が気に入っています。

나는 '도키노 목공'이라는 회사의 목제 잡화가 마음에 듭니다.

2 この会社の理念は「安心と笑顔を届ける」です。

이 회사의 이념은 '안심과 미소를 전한다'입니다.

3 この会社の製品は機能的なばかりか使う人の気持ちを癒してくれます。

이 회사의 제품은 기능적일 뿐만 아니라 사용하는 사람의 마음을 위로해 줍니다.

‘魅力を感じるブランドや企業’와 관련된 질문

p.102

예시문

❶ 私は「イドカ」という会社に関心を持っています。

나는 ‘이도카’라는 회사에 관심을 가지고 있습니다.

❷ アフリカの各地で井戸を掘る事業を行っています。

아프리카 각지에서 우물을 파는 사업을 하고 있습니다.

❸ タンザニアの小学校に井戸を作るドキュメンタリーを見たのがきっかけでした。

탄자니아의 초등학교에 우물을 만드는 다큐멘터리를 본 것이 계기였습니다.

❹ 現地の人々の力で井戸を掘るところに魅力を感じています。

현지 사람들의 힘으로 우물을 파는 점에 매력을 느끼고 있습니다.

❺ その会社に就職して技術力で社会に貢献したいです。

그 회사에 취직하여 기술력으로 사회에 공헌하고 싶습니다.

‘魅力を感じるブランドや企業’와 관련된 작문 연습

p.103

「イドカ」という会社はアフリカの各地で井戸を掘る事業を行っています。現場の環境に応じて掘削技術を選定し、現地の人々の力で井戸を掘ります。タンザニアの小学校に井戸を作るドキュメンタリーを見て、私は感動しました。この村では多くの子供たちが遠くまで水を汲みに行っていました。水汲みは過酷であるばかりか、危険を伴う労働です。10歳の男の子が、移動中に野生動物に襲われて大けがをするところだったと話していました。完成した井戸の前でその子が「もう隣村まで行かないで済むし、毎日学校に来られるよ」と目を輝かせていたのが印象的でした。私はこの会社に就職して、技術力で社会に貢献する喜びを実感したいです。

‘이도카’라는 회사는 아프리카 각지에서 우물을 파는 사업을 하고 있습니다. 현장 환경에 따라 굴삭 기술을 선정하여 현지 사람들의 힘으로 우물을 팝니다. 탄자니아의 초등학교에 우물을 만드는 다큐멘터리를 보고 나는 감동했습니다. 이 마을에서는 많은 아이들이 멀리까지 물을 뜨러 가고 있었습니다. 물 긷기는 가혹할 뿐만 아니라 위험을 동반한 노동입니다. 10세 남자아이가 이동 중에 야생동물에게 습격을 당하여 크게 다칠 뻔했다고 얘기했습니다. 완성된 우물 앞에서 그 아이가 “이제 옆 마을까지 가지 않아도 되고 매일 학교에 올 수 있어”라고 하며 눈을 반짝이던 것이 인상적이었습니다. 나는 이 회사에 취직해서 기술력으로 사회에 공헌하는 기쁨을 실감하고 싶습니다.

9과

어휘 연습

p.107

정답

1 不思議(ふしぎ)で　2 以来(いらい)　3 で働(はたら)いて*

① 우유를 데워서 마시면 달게 느껴지는 것이 신기합니다.
② 아무것도 나쁜 짓을 안 했는데 사죄하는 것은 이상합니다.
③ 친구와 3년 전에 캠프에 다녀온 이후 그 매력에 빠져 버렸다.
④ 국제 전시회 이후 유럽 전역에서 주목받는 브랜드가 되었습니다.
⑤ 공사 현장에서 일하는 사람은 머리를 보호하기 위해 헬멧을 착용합니다.
⑥ 우리 지역 우체국에서 근무하는 남성이 절도범을 잡아서 표창받았다.

표현 · 문형 연습

p.108

정답

1 でならなかった　2 ざるをえません
3 つつ　4 べく

1
① 일본 대표팀이 결승전에서 지고 말아서 너무 안타깝습니다.
② 대학생 때는 좋아하는 일만 해서 매일 정말 즐거웠습니다.
③ 봄이 되어 따뜻한 날이 계속되니까 졸려서 견딜 수가 없습니다.
④ 집안일을 전혀 안 하는 남편에게 정말 화가 납니다.

2
① 집안 사정으로 회사를 그만둘 수밖에 없었습니다.
② 태풍이 접근하고 있기 때문에 이벤트는 중지할 수밖에 없습니다.
③ 섬나라인 일본에 가려면 배나 비행기를 이용할 수밖에 없습니다.
④ 의사는 긴급한 상황이므로 수술밖에 없다고 말했습니다.

3
① 이 료칸은 후지산을 바라보면서 노천 온천에 들어갈 수 있어서 인기가 있습니다.
② 낮에는 회사에서 일하면서 밤에는 대학교에서 회계를 배우고 있습니다.
③ 커피를 마시면서 친구와 수다를 떨었습니다.
④ 매일 아침 음악을 들으면서 워킹을 하고 있습니다.

4
① 교육 행정을 개선하고자 선거에 입후보하기로 결심했습니다.
② 정부는 CO_2의 배출량을 줄이고자 기업에 대해 다양한 지원을 하고 있습니다.
③ 취직을 위해 여러 가지 자격을 취득하려고 합니다.
④ 여러분, 매상을 올리기 위해 노력해 주십시오.

본문

p.112

10년 후 나는 복지지원시스템을 개발하는 SE로 활약하고 싶습니다. 중학생 때 수업에서 프로그래밍을 체험했습니다. 프로그래밍하면 컴퓨터로 무엇이든지 할 수 있는 것이 정말 신기했던 기억이 있습니다. 이 수업에서 SE라는 직업을 알고 난 이후 SE를 계속 동경해 왔습니다. 그리고 지금은 대학교에서 컴퓨터 공학을 배우고 있습니다. 대학교를 졸업하면 복지지원시스템을 개발하는 회사에서 일해 보고 싶습니다. 실은 우리 할머니는 장애가 있으셔서 가끔 다른 사람 손을 빌리지 않을 수 없습니다. 지원자의 부담을 줄이면서 할머니 같이 장애를 가진 분이 안심하고 생활할 수 있는 환경을 만드는 것이 나의 꿈입니다. 꿈을 실현하고자 새로운 프로그래밍 언어도 적극적으로 배우고 싶습니다.

본문 요약 모범 답안

1 中学生(ちゅうがくせい)の時(とき)からSE(エスイー)に憧(あこが)れていました。プログラミングをすれば何(なん)でもできるコンピューターが不思議(ふしぎ)でならなかったのを覚(おぼ)えています。

중학생 때부터 SE를 동경해 왔습니다. 프로그래밍을 하면 무엇이든지 할 수 있는 컴퓨터가 정말 신기했던 기억이 있습니다.

2 支援者(しえんしゃ)の負担(ふたん)を減(へ)らしつつ障害(しょうがい)を持(も)つ方(かた)が安心(あんしん)して生活(せいかつ)できるようにしたいです。

지원자의 부담을 줄이면서 장애를 가진 분이 안심하고 생활할 수 있도록 하고 싶습니다.

3 夢(ゆめ)を実現(じつげん)させるべく新(あたら)しいプログラミング言語(げんご)も学(まな)んでいきたいです。

꿈을 실현하고자 새로운 프로그래밍 언어도 배우고 싶습니다.

'10年後の私'과 관련된 질문

p.114

예시문

❶ 誰もが安全な水を飲めるようにする活動をしていたいです。

누구든지 안전한 물을 마실 수 있도록 하는 활동을 하고 싶습니다.

❷ ドキュメンタリー番組で汚れた水を飲む子供たちを見たからです。

다큐멘터리 프로그램에서 오염된 물을 마시는 아이들을 보았기 때문입니다.

❸ 2017年時点で世界の10人に3人は安全ではない水を飲まざるをえない状況だそうです。

2017년 시점에서 세계 인구의 10명 중 3명은 안전하지 않은 물을 마실 수밖에 없는 상황이라고 합니다.

❹ 病原菌も濾過すべく、大学でフィルター開発の勉強をしています。

병원균도 여과하고자 대학교에서 필터 개발 공부를 하고 있습니다.

❺ フィルターの開発をしつつ水道設備に関する勉強も頑張りたいです。

필터 개발을 하면서 수도 설비에 관한 공부도 열심히 하고 싶습니다.

'10年後の私'과 관련된 작문 연습

p.115

10年後、私は誰もが安全な水を飲めるようにする活動をしていたいです。以前に見たドキュメンタリー番組によると2017年時点で世界の10人に3人は安全ではない水を飲まざるをえない状況だそうです。番組で汚れた飲み水のせいで病気になる子供たちを見て、胸が痛くてなりませんでした。私は今、大学で材料工学を学んでいます。研究室では不純物を濾過するフィルターの開発をしていて、病原菌も濾過すべく研究を進めています。しかし、フィルターが完成しても水道設備がなければ安全な水を提供することはできません。これからはフィルターの開発をしつつ水道設備に関する勉強も頑張って、誰もが安全な水を飲める世界を実現させたいです。

10년 후 나는 누구든지 안전한 물을 마실 수 있도록 하는 활동을 하고 싶습니다. 전에 본 다큐멘터리 프로그램에 따르면 2017년 시점에서 세계 인구의 10명 중 3명은 안전하지 않은 물을 마실 수밖에 없는 상황이라고 합니다. 방송에서 오염된 식수 때문에 병에 걸리는 아이들을 보고 정말 가슴이 아팠습니다. 나는 지금 대학교에서 재료 공학을 배우고 있습니다. 연구실에서는 불순물을 여과하는 필터 개발을 하고 있고, 병원균도 여과하고자 연구를 계속하고 있습니다. 그러나 필터가 완성되어도 수도 설비가 없으면 안전한 물을 제공할 수 없습니다. 앞으로는 필터 개발을 하면서 수도 설비에 관한 공부도 열심히 해서 누구든지 안전한 물을 마실 수 있는 세상을 만들고 싶습니다.

10과

어휘 연습

p.119

정답

1 広大(こうだい)　2 溜(た)まり　3 乗(の)り継(つ)いで

① 광대한 우주의 어딘가에 지구와 비슷한 별이 있을지도 모른다.
② 거대한 바위가 걸림돌이 되어 터널 공사는 3년 지연되고 말았다.
③ 수신 메일이 많이 쌓여서 여유 용량이 없어져 버렸다.
④ 줄기에서 나온 수액 주변에 다양한 곤충들이 모여 있다.
⑤ 도쿄에서 야간열차를 타고 재래선을 이어서 갈아탄 후 다음날 히로시마에 도착했다.
⑥ 다음 역에서 내려서 미술관행 버스로 갈아타세요.

표현 · 문형 연습

p.120

정답

1 を除(のぞ)いて　2 がゆえに
3 ないことはない　4 次第(しだい)

1
① 그 레스토랑은 연말연시를 제외하고 매일 영업하고 있습니다.
② 심포지엄의 등단자는 사회자를 제외하고 6명이었습니다.
③ 이 밭에서는 무나 배추 이외에 옥수수도 키우고 있습니다.
④ 그 회의에는 가맹국 이외에 한국과 일본도 참가했습니다.

2
① 일본은 자원이 부족하기 때문에 다른 나라로부터의 수입에 의존하지 않을 수 없습니다.
② 이 작업은 위험하기 때문에 세심한 주의가 필요합니다.
③ 구입한 토지가 좁기 때문에 큰 집은 지을 수 없습니다.
④ 저렴한 컴퓨터이기 때문에 그다지 성능이 좋지 않습니다.

3
① 노래는 잘하지 못하지만, 친구들과 노래방에 가면 안 부르지는 않습니다.
② 오랜 기간 일본에 살고 있기 때문에 한자를 못 읽지는 않습니다.
③ 사고를 당하지 않는다고 할 수는 없으니까 여행자 보험에 들어 둡시다.
④ 일본인이라고 해서 낫토를 좋아한다고는 할 수 없습니다.

4
① 참가자가 자리에 앉는 대로 개회식을 시작하겠습니다.
② 코트 클리닝이 끝나는 대로 연락드리겠습니다.
③ 술 취해서 TV를 켜 놓은 채로 잠들어 버렸습니다.
④ 화재는 냄비를 불에 올려놓은 채로 외출한 것이 원인이었습니다.

본문

p.124

저는 남미의 볼리비아에 있는 우유니 소금 호수에 가 보고 싶습니다. 이 광대한 호수는 우기를 제외하고 새하얀 소금 사막같이 되어 있습니다. 저는 빗물이 호수에 고여서 거울처럼 되는 시기에 갈 생각입니다. 수면에 하늘 전체가 비쳐서 정말로 신비스럽다고 합니다. 다양한 기상 조건이 갖춰지지 않으면 볼 수 없는 광경이기 때문에 더욱 동경하게 됩니다. 꼭 이 두 눈으로 보고 싶습니다. 우유니 소금 호수는 지구의 반대편에 있어서 비행기를 이어서 갈아타고 30시간 이상 걸립니다. 상당한 비용과 시간이 들지만, 갈 수 없는 것은 아니라고 생각합니다. 이미 저금을 시작했습니다. 여비가 모이는 대로 휴가를 받아서 여행을 떠날 생각입니다. 기적과 같은 광경에 둘러싸일 것을 상상하니 벌써부터 설레고 있습니다.

본문 요약 모범 답안

1 ウユニ塩湖(えんこ)は雨期(うき)になると水面(すいめん)に天空全体(てんくうぜんたい)が写(うつ)り、実(じつ)に神秘的(しんぴてき)だそうです。

우유니 소금 호수는 우기가 되면 수면에 하늘 전체가 비쳐서 정말로 신비스럽다고 합니다.

2 様々(さまざま)な気象条件(きしょうじょうけん)が整(ととの)わなければ見(み)られない光景(こうけい)なので憧(あこが)れています。

다양한 기상 조건이 갖춰지지 않으면 볼 수 없는 광경이기 때문에 동경하고 있습니다.

3 旅費(りょひ)が貯(た)まり次第(しだい)、休(やす)みを取(と)って旅(たび)に出(で)ようと思(おも)っています。

여비가 모이는 대로 휴가를 받아서 여행을 떠날 생각입니다.

'私(わたし)のバケットリスト'와 관련된 질문

p.126

예시문

❶ ホノルルマラソンを完走(かんそう)したいです。

호놀룰루 마라톤을 완주하고 싶습니다.

❷ ジョギングのアプリを通(とお)してフルマラソンを目指(めざ)している人(ひと)たちと知(し)り合(あ)ったのがきっかけです。

조깅 앱을 통해서 풀 마라톤을 목표로 하고 있는 사람들과 알게 된 것이 계기입니다.

❸ 完走(かんそう)できたら自分(じぶん)に自信(じしん)が持(も)てるようになると思(おも)います。

완주할 수 있다면 자신에게 자신감을 가질 수 있게 될 것이라고 생각합니다.

❹ 日々(ひび)の生活(せいかつ)が一層楽(いっそうたの)しくなりました。

매일매일의 생활이 한층 더 즐거워졌습니다.

❺ 地域(ちいき)のマラソン大会(たいかい)にエントリーしてみます。

지역 마라톤 대회에 참가해 볼 것입니다.

‘私のバケットリスト’와 관련된 작문 연습

p.127

私にはいつの日かホノルルマラソンで完走したいという夢があります。数年前にジョギングを始め、天候が悪い日を除いて、ほぼ毎日8キロほど走っています。走行距離を記録するアプリを通して、フルマラソンを目指すランナーたちと知り合いました。ホノルルマラソンは制限時間がないゆえに、比較的参加しやすい大会です。初心者の私でも走りきれないことはないと励まされました。完走できたらどんなに爽快でしょうか。ゴールの瞬間を想像しただけで力が漲ります。大きな目標ができたおかげで日々の生活が一層楽しくなりました。まずは、応募が始まり次第、地域のマラソン大会にエントリーしてみます。ホノルルのゴールを夢見て、これからも走り続けます。

저에게는 언젠가 호놀룰루 마라톤에서 완주하고 싶다는 꿈이 있습니다. 몇 년 전에 조깅을 시작해, 날씨가 나쁜 날을 제외하고 거의 매일 8킬로미터 정도 달리고 있습니다. 주행거리를 기록하는 앱을 통해서 풀 마라톤을 목표로 하는 주자들을 알게 되었습니다. 호놀룰루 마라톤은 제한 시간이 없기 때문에 비교적 참가하기 쉬운 대회입니다. 초보자인 저도 못 달릴 것은 없다고 격려를 받았습니다. 완주할 수 있다면 얼마나 상쾌할까요. 결승점에 들어가는 순간을 상상만 해도 힘이 넘칩니다. 큰 목표가 생긴 덕분에 매일매일의 생활이 한층 더 즐거워졌습니다. 우선 모집이 시작되는 대로 지역 마라톤 대회에 참가해 볼 것입니다. 호놀룰루의 완주를 꿈꾸며 앞으로도 계속 달릴 것입니다.

11과

어휘 연습

p.131

정답

1 新たに*(あら)　2 教官(きょうかん)　3 単位(たんい)

① 경찰 수사로 인해 새로운 사실이 밝혀졌다.
② 중고생 사이에서 사용되고 있는 새 단어를 조사하고 있다.
③ 아버지는 항공 대학교에서 조종사 교관을 하고 있다.
④ 섬의 작은 병원에는 산부인과 선생님이 없었습니다.
⑤ 남동생은 4학년 2학기에 필수 학점을 못 따서 유급하게 되었다.
⑥ 4년제 대학 졸업에는 124학점 이상이 필요합니다.

표현 · 문형 연습

p.132

정답

1 ものの　2 をはじめ

3 はもちろん　4 とたんに

1
① 다이어트 기구를 사기는 했지만, 결국 한 번도 사용하지 않았습니다.
② "나에게 맡겨"라고 말하기는 했지만, 해결책을 찾지 못해 어찌할 바를 몰랐습니다.
③ 문법이 유사하다고는 해도 이해하기 힘든 표현도 많이 있습니다.
④ 특가품이라고 해도 이렇게 많이 사는 것은 예산 초과입니다.

2
① 다나카 부장님을 비롯해 거래처 분들에게는 매우 신세를 졌습니다.
② 현재 후쿠오카현을 비롯해 규슈 지방의 많은 지역에서 폭우 경보가 발령되었습니다.
③ 계약에는 중개 수수료나 보증금 등을 포함해 35만 엔 정도 필요합니다.
④ 일본 입국 시에는 일본인을 포함해 모든 사람이 세관 신고서를 제출해야 합니다.

3
① 이 화장수는 여성은 물론 남성분에게도 추천합니다.
② 가스 요금이나 전기 요금은 물론 수도 요금까지 올랐습니다.
③ 예산 부족은 물론 인력이 부족한 것도 문제입니다.
④ 이 화가의 작품은 구도는 물론 색상 사용이 독특하고 훌륭합니다.

4
① 그녀는 내가 그 이야기를 하자마자 울기 시작했습니다.
② 의자에서 일어서자마자 현기증이 났습니다.
③ 집에 도착하자마자 침대에 쓰러져 그대로 잠들어 버렸습니다.
④ 한 가지 일이 끝나자마자 상사에게 다음 일을 부탁받아 귀가할 수 없습니다.

본문

p.136

〈제목〉 추천서 작성 의뢰
〈받는 사람〉 요시다 선생님
〈본문〉 요시다 선생님 안녕하세요. 늦더위가 기승을 부리는데 어떻게 지내십니까? 실은 선생님께 부탁이 있어서 연락드리게 되었습니다. 교환 유학 제도 건입니다만, 제 1지망이었던 A대학은 내년에 유학생을 받지 않기로 했지만, B라는 대학이 새로이 교환 유학생을 모집하고 있다고 합니다. 꼭 일본에 유학하고 싶기 때문에 B대학 교환 유학 제도에 지원하려고 합니다. 지원에는 학업 계획서를 비롯해 지도교수의 추천서가 필요합니다. 그래서 선생님께서 추천서를 써 주셨으면 합니다만, 가능하신지요? JLPT 합격은 물론 취득 학점 수 등 지원에 필요한 조건은 모두 갖추었습니다. 선생님의 일이 바빠지는 2학기가 시작되자마자 부탁을 드려 죄송하지만, 아무쪼록 잘 부탁드립니다.
〈연락처〉 휴대폰 : 010 - ×××× - ××××, mail : abc@××××.com

본문 요약 모범 답안

1 来年度、A大学は留学生を受け入れないことにしたものの、Bという大学が新たに交換留学生を募集しているので、応募しようと思います。

내년에 A대학은 유학생을 받지 않기로 했지만, B라는 대학이 새로이 교환 유학생을 모집하고 있기 때문에 지원하려고 합니다.

2 交換留学制度への応募には学業計画書をはじめ指導教官の推薦書が必要です。

교환 유학 제도의 지원에는 학업 계획서를 비롯해 지도교수의 추천서가 필요합니다.

3 先生の仕事が忙しくなる２学期が始まったとたんにお願いをして恐縮ですが、推薦書をお願いします。

선생님의 일이 바빠지는 2학기가 시작하자마자 부탁을 드려 죄송하지만, 추천서를 부탁드립니다.

'依頼のメール'와 관련된 질문

p.138

예시문

❶ 就職活動のためのエントリーシートの添削を先生にお願いしたいです。

취업 활동을 위해 입사 지원서의 첨삭을 선생님께 부탁드리고 싶습니다.

❷ エントリーシートを日本語で書いたものの自信がないからです。

입사 지원서를 일본어로 쓰기는 했는데 자신이 없기 때문입니다.

❸ エントリーシートには経歴や資格をはじめ自己PRを書かなければなりません。

입사 지원서에는 경력이나 자격을 비롯해 자기 PR을 쓰지 않으면 안 됩니다.

❹ 誤字や脱字のチェックはもちろん文面の推敲をしなければなりません。

오자나 탈자 체크는 물론 문장의 퇴고를 해야 합니다.

❺ 1学期が始まったとたんにお願いをするので、先生はとても忙しいと予想されます。このような状況でお願いをすることが心苦しいです。

1학기가 시작되자마자 부탁하는 것이라, 선생님은 매우 바쁠 것이라고 예상됩니다. 이러한 상황에서 부탁을 하는 것이 죄송해서 마음이 무겁습니다.

'依頼のメール'와 관련된 작문 연습

p.139

〈件名〉 履歴書の添削のお願い

〈宛名〉 中村先生

〈本文〉 中村先生、こんにちは。寒い日が続きますが、いかがお過ごしですか。実は先生にお願いがあってご連絡を差し上げました。現在、就職活動をしていて、Aという会社にエントリーシートを出そうと思います。エントリーシートには経歴や資格をはじめ自己PRも書かなければなりません。自分なりに日本語で書いたものの、やはり文法や漢字に誤りがあるのではないかと不安です。そこでエントリーシートの添削をしていただけないでしょうか。自分で誤字や脱字のチェックはもちろん文面の推敲もしましたが、やはり先生に添削をしていただけると有難いです。慌ただしくなる1学期が始まったとたんにお願いをして心苦しいですが、何卒よろしくお願いいたします。

〈連絡先〉 携帯：010－××××－××××，　mail：abc@××××.com

〈제목〉 이력서 첨삭 부탁

〈받는 사람〉 나카무라 선생님

〈본문〉 나카무라 선생님 안녕하세요. 추운 날씨가 계속되고 있습니다만, 어떻게 지내시는지요? 실은 선생님께 부탁이 있어서 연락드렸습니다. 현재 취업 활동을 하고 있는데 A라는 회사에 지원서를 내려고 합니다. 지원서에는 경력이나 자격을 비롯해 자기 PR도 쓰지 않으면 안 됩니다. 제 나름대로 일본어로 쓰기는 했는데 역시 문법이나 한자에 틀린 곳이 있지 않을까 불안합니다. 그래서 입사 지원서 첨삭을 해 주실 수 없을까요? 제가 오자나 탈자 체크는 물론 문장 퇴고도 했습니다만, 역시 선생님께서 첨삭해 주시면 감사하겠습니다. 경황 없이 바쁜 1학기가 시작되자마자 부탁을 드려 죄송하지만, 아무쪼록 잘 부탁드립니다.

〈연락처〉 휴대폰 : 010 - ×××× - ××××,　mail : abc@××××.com

12과

어휘 연습

p.143

정답

1 お便り(たより)　2 慣れて(な)　3 どうぞ*

① 반년 전에 미국에 건너간 그로부터 아직 아무런 소식도 없다.
② 반년 전에 미국에 건너간 그의 행방은 아직 알 수 없다.
③ 일본은 핸들이 오른쪽이어서 처음에는 당황했지만, 하루 운전했더니 익숙해졌다.
④ 길고양이에게 가끔 먹이를 주었더니, 나하고 친해져서 집까지 따라왔다.
⑤ 리필은 마음대로 하실 수 있으니 부디 사양하지 말고 많이 드세요.
⑥ 아직 정식으로 발표되지 않았으므로, 이 이야기는 아무쪼록 비밀로 부탁드립니다.

표현 · 문형 연습

p.144

정답

1 を兼ねて(か)　2 にて
3 ながら　4 すら

1
① 일본어 공부를 겸해서 매일 일본 드라마를 보고 있습니다.
② 기분전환을 겸해서 잠깐 산책이라고 가지 않겠습니까?
③ 서울 출장 가는 길에 비는 시간을 이용해서 경복궁을 관광했습니다.
④ 우체국에 소포를 부치러 가는 길에 ATM에서 돈을 인출했습니다.

2
① 포럼은 1층 대강당에서 열립니다.
② 인천공항의 도착 출구B에서 기다리고 있습니다.
③ 공원에서 돗자리를 깔고 도시락을 먹었습니다.
④ 젊은이들이 바닷가에서 불꽃을 쏘아 올리고 있습니다.

3
① 먹으면 살이 찐다고 알고 있지만, 나도 모르게 단것을 먹게 됩니다.
② 작은 학교이지만, 이 학교의 교육 이념은 전국적으로 주목을 끌고 있습니다.
③ 이 방은 좁지만, 햇볕이 잘 들어서 마음에 듭니다.
④ 차는 지저분하지만, 괜찮으면 집까지 바래다줄까?

4
① 시험에 합격했는지 여부가 불안해서 물조차 넘길 수 없습니다.
② 크리스 씨는 일본인조차 읽을 수 없는 한자를 술술 읽습니다.
③ 나는 달걀프라이조차 제대로 만들 수 없을 정도로 음식을 잘 못합니다.
④ 그 정치가는 초등학생조차 이상하다고 생각할 발언을 해서 문제가 되었습니다.

본문

p.148

야마구치 마사토 선생님
拝啓
신록이 아름다운 계절이 되었습니다.
야마구치 선생님, 정말로 오래간만에 연락을 드립니다. 잘 지내고 계신지요? 오늘은 감사 인사와 보고를 겸해서 편지를 드립니다. 세월이 정말 빨라서 대학원 입학 후 반년이 지나고, 일본에서의 생활에도 조금씩 익숙해지고 있습니다. 다음달에 도쿄에서 개최되는 학회에서 연구 보고를 하게 되었습니다. 미숙하지만 전부 일본어로 프레젠테이션을 합니다. 히라가나조차 읽을 수 없었던 제가 일본어를 마스터할 수 있었던 것은 선생님께서 지도해 주신 덕분입니다. 정말 감사드립니다.
선생님께 감사하는 마음을 가지고 앞으로도 노력하려고 합니다. 바쁜 나날을 지내고 계시리라 생각됩니다. 부디 건강에 유의하시기 바랍니다. 또 연락드리겠습니다.

敬具
20△△년 5월 20일
김민수

본문 요약 모범 답안

1 山口先生(やまぐちせんせい)にお礼(れい)と報告(ほうこく)をするために手紙(てがみ)を書(か)きました。

야마구치 선생님께 감사 인사와 보고를 하기 위해 편지를 썼습니다.

2 東京(とうきょう)で開催(かいさい)される学会(がっかい)で、日本語(にほんご)でプレゼンすることになりました。

도쿄에서 개최되는 학회에서 일본어로 프레젠테이션을 하게 되었습니다.

3 ひらがなさえ読(よ)めませんでしたが、先生(せんせい)の指導(しどう)のおかげで、日本語(にほんご)をマスターすることができました。

히라가나조차 읽을 수 없었습니다만, 선생님의 지도 덕분에 일본어를 마스터할 수 있게 되었습니다.

'お礼の手紙'와 관련된 질문

p.150

예시문

❶ 私が日本に来て以来ずっと働いてきた食堂の店長です。

제가 일본에 온 이후로 쭉 일해온 식당의 점장님입니다.

❷ 年末の書き入れ時でお忙しい毎日、本当にお疲れ様です。

연말 대목으로 바쁜 나날을 보내시리라 생각합니다. 정말 수고 많으십니다.

❸ 料理を教えていただいたり、人生経験のお話をしていただいたりしました。

요리법을 알려 주시기도 하고 인생 경험담을 들려 주시기도 했습니다.

❹ 長い間、本当にお世話になりました。

오랫동안 정말로 신세 많이 졌습니다.

❺ これからますます寒さが厳しくなります。風邪に気をつけてお過ごしください。

앞으로 점점 더 추워집니다. 감기 조심하시고 잘 지내시기 바랍니다.

'お礼の手紙'와 관련된 작문 연습

p.151

拝啓

年末の書き入れ時でお忙しい毎日、本当にお疲れ様です。

浜田店長の下で働ける時間も残り少なくなりました。包丁の握り方さえ知らなかった私を、店長はやる気を見込んで雇ってくださり、根気よく指導してくださいました。そのおかげで最近はお客様に料理の腕をほめられることもあり、我ながら自分の成長に驚いています。それに、店長の豊富な人生経験のお話は大きな刺激になりました。長い間、本当にお世話になりました。

年明けからは韓国にて、新しい生活が始まります。日本での貴重な経験を励みに頑張ります。もしお休みが取れたら韓国食堂の探索も兼ねて、奥様と一緒にぜひソウルに遊びにいらっしゃってください。

これからますます寒さが厳しくなります。風邪に気をつけてお過ごしください。どうぞお元気で。

敬具

20△△年 12月18日

パク・ギョンホ

浜田誠様

하마다 마코토 님

拝啓

연말 대목으로 바쁜 나날을 보내시리라 생각합니다. 정말 수고 많으십니다.

하마다 점장님 밑에서 일할 수 있는 시간도 이제 얼마 남지 않았습니다. 부엌칼을 잡는 방법조차 몰랐던 저를 점장님은 의욕이 있다고 보고 고용해 주시고 끈기 있게 지도해 주셨습니다. 그 덕분에 최근에는 손님들이 음식이 맛있다고 칭찬해 주시기도 해서, 저 스스로도 저의 성장에 놀라고 있습니다. 그리고 점장님의 풍부한 인생 경험담에도 크게 자극을 받았습니다. 오랫동안 정말로 신세 많이 졌습니다.

연초부터는 한국에서 새로운 생활이 시작됩니다. 일본에서의 귀중한 경험에 힘입어 열심히 하겠습니다. 혹시 휴가를 내시게 된다면 한국 식당 탐색을 겸해서 사모님과 함께 꼭 서울에 놀러 와 주세요.

앞으로 점점 더 추워집니다. 감기 조심하시고 잘 지내시기 바랍니다. 건강하세요.

敬具
20△△년 12월 18일
박경호

1과 어휘

甘やかす(あまやかす) 응석 부리게 하다
運動不足(うんどうぶそく) 운동 부족
演劇部(えんげきぶ) 연극부
片付ける(かたづける) 정리하다, 치우다
漢方薬(かんぽうやく) 한약
規制緩和政策(きせいかんわせいさく) 규제 완화 정책
食いしん坊(くいしんぼう) 먹보
原作(げんさく) 원작 *
社交的(しゃこうてき) 사교적 *
消費(しょうひ) 소비
スリムだ 날씬하다 *
接客(せっきゃく) 접객
太陽光(たいようこう) 태양광
停電(ていでん) 정전
取り組む(とりくむ) 대처하다
吐き気(はきけ) 구역질
麻疹(はしか) 홍역
発声練習(はっせいれんしゅう) 발성 연습 *
発電機(はつでんき) 발전기
人見知り(ひとみしり) 낯가림 *
一人っ子(ひとりっこ) 외동이
肥満(ひまん) 비만
貧血(ひんけつ) 빈혈
ファンタジー小説(ファンタジーしょうせつ) 판타지 소설 *
服用(ふくよう) 복용

2과 어휘

焦る(あせる) 안달하다
思い浮かべる(おもいうかべる) 떠올리다
金利(きんり) 금리
交換留学生(こうかんりゅうがくせい) 교환 유학생
公約(こうやく) 공약
混雑(こんざつ) 혼잡
志願者(しがんしゃ) 지원자
周到だ(しゅうとうだ) 철저하다 *
上達(じょうたつ) 실력이 늚
情熱(じょうねつ) 열정
精一杯(せいいっぱい) 힘껏
縮まる(ちぢまる) 좁혀지다
募る(つのる) 심해지다 *
つぶやく 중얼거리다, 되새기다 *
出会い(であい) 만남
徹夜(てつや) 밤을 샘
似顔絵(にがおえ) 몽타주
バトン 바통 *
引き上げ(ひきあげ) 인상
悲壮だ(ひそうだ) 비장하다
偏見(へんけん) 편견
待ち合わせ(まちあわせ) 약속
綿密だ(めんみつだ) 면밀하다 *
持ち歩く(もちあるく) 가지고 다니다
モットー 신조
容疑者(ようぎしゃ) 용의자

* 표시는 부록의 예시문 및 작문 연습에 있는 단어

3과 어휘

稲刈り(いねかり) 벼베기
収める(おさめる) 기록하다, 정리해서 넣다
開演(かいえん) 공연 등을 시작함
記念事業(きねんじぎょう) 기념 사업
規約(きやく) 규정
筋トレ(きんトレ) 웨이트 트레이닝 *
経営者(けいえいしゃ) 경영자
検索(けんさく) 검색
候補者(こうほしゃ) 후보자
実績(じっせき) 실적
邪魔(じゃま) 방해
就活(しゅうかつ) 취업 활동
授与(じゅよ) 수여
障害(しょうがい) 장애
所持品(しょじひん) 소지품
清掃(せいそう) 청소
創立(そうりつ) 창립
田植え(たうえ) 모내기
短期研修(たんきけんしゅう) 단기 연수 *
励む(はげむ) 노력하다 *
引きこもる(ひきこもる) 집에 들어앉다
武力(ぶりょく) 무력
変装(へんそう) 변장
目指す(めざす) 목표로 하다
模擬試験(もぎしけん) 모의시험 *
要所(ようしょ) 요지
流暢だ(りゅうちょうだ) 유창하다 *
わが社(わがしゃ) 우리 회사

4과 어휘

押し付ける(おしつける) 강요하다, 밀어붙이다
お世辞(おせじ) 아첨, 빈말
休養日(きゅうようび) 휴일 *
クレーム 클레임
契約書(けいやくしょ) 계약서
顧客(こきゃく) 고객
挫折(ざせつ) 좌절
失恋(しつれん) 실연
先発投手(せんぱつとうしゅ) 선발 투수 *
痛感(つうかん) 통감
務める(つとめる) 맡다
捺印(なついん) 날인
難易度(なんいど) 난이도
人気者(にんきもの) 인기인, 인기 있는 사람
年中無休(ねんじゅうむきゅう) 연중무휴
早寝早起き(はやねはやおき) 일찍 자고 일찍 일어남
ひじ 팔꿈치 *
不愛想だ(ぶあいそうだ) 무뚝뚝하다
振り付け(ふりつけ) 안무
噴出(ふんしゅつ) 분출, 터져 나옴
マスターする 마스터하다
恵まれる(めぐまれる) (재능이)주어지다
呼びかける(よびかける) 설득하다, 호소하다
夜更かし(よふかし) 밤샘
落書き(らくがき) 낙서
わがまま 이기심, 제멋대로 함 *

5과 어휘

あらすじ 줄거리
あれこれ 이것저것
いじる 만지다, 만지작거리다
インターンシップ 인턴십
紆余曲折(うよきょくせつ) 우여곡절
カブトムシ 장수풍뎅이
共感性(きょうかんせい) 공감성 *
漁獲量(ぎょかくりょう) 어획량
原動力(げんどうりょく) 원동력
高騰(こうとう) 급등
心構え(こころがまえ) 마음가짐
実刑判決(じっけいはんけつ) 실형 판결
児童文学(じどうぶんがく) 아동문학
彗星(すいせい) 혜성
杜撰だ(ずさんだ) 날림이다, 엉터리다
立ち直り(たちなおり) 극복
懲役(ちょうえき) 징역
強み(つよみ) 장점 *
乏しい(とぼしい) 부족하다 *
脳科学(のうかがく) 뇌과학 *
被告人(ひこくにん) 피고
ファンミーティング 팬미팅
風刺小説(ふうししょうせつ) 풍자소설
フェイクニュース 가짜 뉴스 *
融通(ゆうずう) 융통성
理屈っぽい(りくつっぽい) 이치만 따지다 *
患う(わずらう) 앓다, 병을 얻다

6과 어휘

イチョウ 은행나무
訴える(うったえる) 호소하다
思い切る(おもいきる) 과감하다, 결심하다
かき混ぜる(かきまぜる) 섞다
価値観(かちかん) 가치관
切り開く(きりひらく) 개척하다 *
具現化(ぐげんか) 구현화 *
結構(けっこう) 꽤
現代文学(げんだいぶんがく) 현대 문학
敷く(しく) 부설하다, 깔다 *
順調だ(じゅんちょうだ) 순조롭다
睡眠(すいみん) 수면
説得力(せっとくりょく) 설득력
手放す(てばなす) 놓아주다
電子工学(でんしこうがく) 전자공학
仲間(なかま) 동료
並外れる(なみはずれる) 월등하다 *
担い手(にないて) 종사하는 사람 *
買収(ばいしゅう) 매수
ひまわり 해바라기
プロフィール 프로필
法令(ほうれい) 법령
蒔く(まく) 뿌리다
真似(まね) 흉내
芽(め) 싹
陸上選手(りくじょうせんしゅ) 육상선수

7과 어휘

上回る(うわまわる) 웃돌다 *
活気づく(かっきづく) 활기를 띠다
交わす(かわす) 주고받다, 나누다
棋士(きし) 기사
見解(けんかい) 견해 *
様々だ(さまざまだ) 다양하다
自然災害(しぜんさいがい) 자연재해
社会保障(しゃかいほしょう) 사회보장
首脳(しゅのう) 수뇌, 정상
生涯(しょうがい) 일생, 생애
商談(しょうだん) 사업협상
船舶事故(せんぱくじこ) 선박사고
経つ(たつ) 지나다, 경과하다
たどり着く(たどりつく) 도달하다 *
段取り(だんどり) 절차
動向(どうこう) 동향
流れ込む(ながれこむ) 흘러 들어가다 *
破棄(はき) 파기
繁栄(はんえい) 번영
東シナ海(ひがしシナかい) 동중국해
プリペイドカード 선불카드
ベッドタウン 베드타운
目がない(めがない) 너무 좋아하다
メカニズム 메커니즘
問題視(もんだいし) 문제시
遊具(ゆうぐ) 놀이 기구
凌駕(りょうが) 능가
若手(わかて) 젊은 사람

8과 어휘

足がつる(あしがつる) 발에 쥐가 나다
危うく(あやうく) 하마터면
井戸(いど) 우물 *
癒す(いやす) 위로하다, 치유하다
インテリア 인테리어
大掃除(おおそうじ) 대청소
襲われる(おそわれる) 습격당하다 *
溺れる(おぼれる) 물에 빠지다
思いやり(おもいやり) 배려
快晴(かいせい) 쾌청
掲げる(かかげる) 내걸다
掘削(くっさく) 굴삭 *
汲む(くむ) 뜨다 *
込める(こめる) 담다
雑貨(ざっか) 잡화
主人公(しゅじんこう) 주인공
打診(だしん) 타진
窒息(ちっそく) 질식
作り手(つくりて) 만드는 사람, 제작자
ドキュメンタリー 다큐멘터리 *
留まる(とどまる) 머무르다
飲み込む(のみこむ) 삼키다
肌にやさしい(はだにやさしい) 피부에 순하다
破片(はへん) 파편
轢かれる(ひかれる) 치이다
引き抜き(ひきぬき) 스카우트
水汲み(みずくみ) 물 긷기 *
木目(もくめ) 나뭇결

9과 어휘

憧れる(あこがれる) 동경하다
おしゃべり 수다, 수다쟁이
会計(かいけい) 회계
教育行政(きょういくぎょうせい) 교육행정
緊急(きんきゅう) 긴급
材料工学(ざいりょうこうがく) 재료 공학 *
地元(じもと) 그 지역, 그 고장
謝罪(しゃざい) 사죄
積極的だ(せっきょくてきだ) 적극적이다
窃盗犯(せっとうはん) 절도범
眺める(ながめる) 바라보다
飲み水(のみみず) 물, 식수 *
排出量(はいしゅつりょう) 배출량
抜擢(ばってき) 발탁
はまる 빠지다
病原菌(びょうげんきん) 병원균 *
表彰(ひょうしょう) 표창
フィルター 필터 *
福祉(ふくし) 복지
不純物(ふじゅんぶつ) 불순물 *
プログラミング 프로그래밍
編集者(へんしゅうしゃ) 편집자
保護(ほご) 보호
マーケティング 마케팅
要する(ようする) 필요로 하다
濾過(ろか) 여과 *
露天風呂(ろてんぶろ) 노천온천

10과 어휘

空き容量(あきようりょう) 여유 용량
アプリ 앱 *
一層(いっそう) 한층 더 *
雨季(うき) 우기
エントリー 참가, 신청 *
加盟国(かめいこく) 가맹국
観戦(かんせん) 관전
完走(かんそう) 완주 *
気象条件(きしょうじょうけん) 기상 조건
光景(こうけい) 광경
昆虫(こんちゅう) 곤충
細心(さいしん) 세심
在来線(ざいらいせん) 재래선
砂漠(さばく) 사막
妨げ(さまたげ) 방해
樹液(じゅえき) 수액
初心者(しょしんしゃ) 초보자 *
爽快(そうかい) 상쾌 *
登壇者(とうだんしゃ) 등단자
生で(なまで) 직접, 날로
南米(なんべい) 남미
年末年始(ねんまつねんし) 연말연시
励ます(はげます) 격려하다 *
火にかける(ひにかける) 불에 올리다
傍聴(ぼうちょう) 방청
幹(みき) 줄기
漲る(みなぎる) 넘치다 *
夜行列車(やこうれっしゃ) 야간열차
安物(やすもの) 저렴한 것, 싸구려

11과 어휘

慌ただしい(あわただしい) 경황없이 바쁘다 *

色使い(いろづかい) 색상 사용

受け入れる(うけいれる) 받아들이다

エントリーシート 지원서 *

大雨警報(おおあめけいほう) 호우 경보

学業計画書(がくぎょうけいかくしょ) 학업 계획서

恐縮(きょうしゅく) 황송, 죄송하게 여김

交換留学生(こうかんりゅうがくせい) 교환 유학생

航空大学校(こうくうだいがっこう) 항공 대학교

心苦しい(こころぐるしい) 미안하게 생각하다 *

誤字(ごじ) 오자 *

産婦人科(さんふじんか) 산부인과

敷金(しききん) 보증금

条件(じょうけん) 조건

税関申告書(ぜいかんしんこくしょ) 세관 신고서

捜査(そうさ) 수사

操縦士(そうじゅうし) 조종사

脱字(だつじ) 탈자 *

仲介手数料(ちゅうかいてすうりょう) 중개 수수료

添削(てんさく) 첨삭 *

特売品(とくばいひん) 특가품

途方に暮れる(とほうにくれる) 어찌할 바를 모르다

値上がり(ねあがり) 값이 오름

必須(ひっす) 필수

人手(ひとで) 인력

満たす(みたす) 채우다

目眩(めまい) 현기증

要件(ようけん) 요건

留年(りゅうねん) 유급

12과 어휘

空き時間(あきじかん) 빈 시간

打ち上げる(うちあげる) 쏘아 올리다

お替わり(おかわり) 리필

書き入れ時(かきいれどき) 대목 *

気分転換(きぶんてんかん) 기분전환

教育理念(きょういくりねん) 교육 이념

黄金色(こがねいろ) 황금색

ござ 돗자리

ゴミ拾い(ゴミひろい) 쓰레기 줍기

根気よく(こんきよく) 끈기 있게 *

敷く(しく) 깔다

時候の挨拶(じこうのあいさつ) 계절 인사

新緑(しんりょく) 신록

すらすらと 술술

散らかる(ちらかる) 지저분하다

ついつい 그만

年明け(としあけ) 연초 *

戸惑う(とまどう) 당황하다

内密(ないみつ) 내밀, 비밀

野良猫(のらねこ) 길고양이

肌寒さ(はださむさ) 쌀쌀함

日差し(ひざし) 햇살

不備(ふび) 미비, 충분히 갖추지 않음

見込む(みこむ) 전망하다, 기대하다 *

目覚ましい(めざましい) 눈부시다

料理の腕(りょうりのうで) 요리 솜씨 *

やる気(やるき) 의욕 *